Die schönsten Ausflugsziele rund um Hamburg

Die schönsten Ausflugsziele rund um Hamburg

Ellert & Richter Verlag

Hamburger Abendblatt

„Vor der Haustür"

Ausflüge nach Schleswig-Holstein

Ausflüge nach Niedersachsen

Ausflüge nach Mecklenburg

Vorwort

Es riecht nach Gräsern und Wind

Nach Kräutern und Maiwiesen

Je mehr wir uns von der Natur entfremden, desto mehr sehnen wir uns nach ihr. Was gibt es Schöneres als ein entspanntes Wochenende mit einem Ausflug ins Grüne? Ob allein, mit Freunden und Bekannten oder mit der Familie – eine Fahrt in die Natur sorgt für neue Eindrücke, schöne Erlebnisse und viele unvergessliche Stunden.

Was macht Hamburgs Umgebung so einmalig, so vielfältig, so interessant, so besonders? Es ist nicht nur die Möglichkeit, gleich zwei Bundesländer zu bereisen, die direkt an den Stadtgrenzen beginnen, nämlich Schleswig-Holstein und Niedersachsen, sondern auch das Land Mecklenburg-Vorpommern zu erkunden, dass in nur gut einer halben Stunde zu erreichen ist. Dabei können Sie die unterschiedlichsten Landschaftsformen erleben, eine unvergleichliche Natur bewundern und kulturelle Highlights in fast jeder Form genießen.

Das Besondere an diesem Buch ist die Mischung aus Ausflügen, die man als Hamburger oder Norddeutscher einmal im Leben gemacht haben sollte, und jenen Empfehlungen, die nicht in jeder Zeitung stehen oder über die Medien verbreitet werden. Auch für das leibliche Wohl ist mit vielen Adressen und Empfehlungen gesorgt.

Der Ellert & Richter Verlag hat einige seiner Autoren gebeten, Ihnen ganz besondere Tipps zu verraten. Auch Mitarbeiter des Verlages haben ihre Lieblingsausflüge zu Papier gebracht, und schließlich haben uns die einzelnen Tourismus-Organisationen dabei geholfen, dass wir à jour sind und Sie mit den brandneuesten Informationen aus den einzelnen Regionen versorgt werden.
Last but not least haben wir auf viele Informationen der Organisation Metropolregion Hamburg zurückgegriffen, die zwischen Nordsee und Wendland, zwischen Fehmarn und der Lüneburger Heide und bis nach Mecklenburg die gesamte Region mit touristischen Angeboten fördert.
Wir würden uns freuen, wenn Sie uns Ihre Lieblingsausflüge und die dazugehörenden Tipps, falls Sie mögen, weitergeben würden (info@ellert-richter.de).
Nun hoffen wir, dass Sie mit guten Tipps versorgt von Ihren Ausflügen fröhlich nach Hause zurückkehren und sich sagen – welch wunderbares Erlebnis mit unvergesslichen Eindrücken.

Ihr
Ellert & Richter Verlag

„Vor der Haustür"

Duvenstedter Brook: Wiesen nördlich vom Driftweg

Wo die stärksten Hirsche röhren

Duvenstedter Brook

Man glaubt es kaum, aber im äußersten Nordwesten Hamburgs leben die stärksten Hirsche der Republik. Auf einer Fläche von 785 Hektar kann man, wenn man Glück hat, Kraniche und Graureiher beobachten und auf der Roten Liste stehende Pflanzen wie Sonnentau oder Geflecktes Knabenkraut bewundern. Als seltene Gäste ziehen durch den Brook Seeadler, Fischadler und Schwarzstorch.

Jahrhundertelang wurden die Moorflächen des Brook (norddeutsche Bezeichnung für sumpfiges Gelände) als Viehweide und zum Torfstich genutzt, bis es Jagdgebiet wurde. Erst 1925 kaufte Hamburg Teile der Wald- und Moorflächen, die dann mit dem Groß-Hamburg-Gesetz 1937 insgesamt an die Hansestadt gelangten und seit 1939 teilweise unter Naturschutz stehen.

Ganz besonders eindrucksvoll ist im September die Brunft der Großhirsche, der die des Damwilds folgt. Dann kann einem bei Nacht und Nebel angst und bange werden.

Ab September röhrt es gewaltig im frühherbstlichen Duvenstedter Brook. Besonders während der Dämmerung lassen sich die Rangkämpfe der Hirsche beobachten.

Am besten erschließen Sie sich dieses stille und weiträumige Gebiet zu Fuß oder mit dem Rad (Achtung: Einige Wege sind für Radfahrer gesperrt!). Neben detaillierten Informationen über die Geschichte des Duvenstedter Brooks und seine Tier- und Pflanzenwelt erhalten Sie im BrookHus auch Ausflugstipps. Außerdem bietet das Zentrum eine multimediale Dauerausstellung sowie interessante Vorträge an. Vorbeischauen lohnt sich!

Duvenstedter BrookHus
Duvenstedter Triftweg 140
22397 Hamburg
T. 040 6072466
www.NABU-Hamburg.de
Dez./Jan. geschlossen, Feb., März, Nov. Sa 12–16 Uhr, So/feiertags 10–16 Uhr, April–Okt. Di–Fr 14–17 Uhr, Sa 12–18 Uhr, So/feiertags 10–18 Uhr

Gasthaus zum Bäcker
Herrenhausallee 9
22397 Hamburg
T. 040 60765397
www.zum-baecker.de
Am Naturschutzgebiet: Deutsche Küche mit Terrasse am Teich. Seit über 200 Jahren wird hier gebacken!

„die mühle" in Wohltorf
Mühlenredder 38
22397 Hamburg
T. 040 6076650
www.die-muehle-hamburg.de
Am Naturschutzgebiet: rustikal mit deutscher und internationaler Küche, Terrasse mit Blick auf den Mühlenteich, in vierter Generation

Anfahrt mit dem Auto
In Duvenstedt den Duvenstedter Damm entlang, der in den Duvenstedter Triftweg übergeht

Anfahrt mit öffentlichen Verkehsmitteln
Nehmen Sie die U 1 nach Ohlstedt, von dort die Buslinie 276 bis Duvenstedter Triftweg, dann zwanzig Minuten zu Fuß

Paradies für Naturliebhaber

Die Bille

Angesichts der viel gerühmten Schönheiten der Alster gerät die Bille ein bisschen ins Hintertreffen. Von den 65 Kilometern des bei Trittau entspringenden Flusses verlaufen 23 Kilometer durch Hamburger Gebiet, bis sie bei der Brandshofer Schleuse in Hammerbrook in die Norderelbe mündet. Sie gibt den Stadtteilen Billwerder, Billbrook und Billstedt ihren Namen. Folgt man dem Flusslauf von der Mündung bis nach Bergedorf (oder umgekehrt), gerät man immer mehr ins Staunen. Die Bille ist ein echter Geheimtipp!

Ihr Unterlauf war zusammen mit dem Mündungsbereich der Alster die Urzelle des Hamburger Hafens. Ab Ende des 19. Jahrhunderts nahm die Nutzung des Wasserlaufs durch Industrie und Gewerbe stark zu. So ist die Billemündung im Hamburger Oberhafen heute auch nicht wirklich idyllisch, aber mit Schleuse und Hafenanlagen beeindruckend. Hier beginnt unsere Fahrradtour. Schon bald erreichen Sie einen der schönsten Plätze am Billeufer: die kleine Bucht an der Grünen Brücke im ehemaligen Arbeiterstadtteil Hamm-Süd, umgeben von stillgelegten, also

Die Bille in Hamm-Süd an der Billerhuder Insel

inzwischen nostalgischen Industriebauten und modernem „Wohnen am Wasser". Unter Brauner, Blauer, Gelber und Roter Brücke hindurch – die farbige Brückenkennzeichnung sollte der Legende nach deutsch- oder leseunkundigen Hafenarbeitern die Orientierung erleichtern – geht es flussaufwärts vorbei an den Kleingärten und Bootsanlegern der Billerhuder Insel. In Tiefstack zweigt ein Kanal in die Billwerder Bucht ab und führt von dort wieder in die Norderelbe. Diesen Weg müssen auch die Schiffe der Alster Touristik GmbH Hamburg und der Bergedorfer Schifffahrtslinie Buhr nehmen, die „Vierlandefahrten" vom Jungfernstieg bzw. „Bille-Fahrten" vom S-Bahnhof Hammerbrook über die Dove-Elbe bis nach Bergedorf anbieten.

Mit Fahrrad, Wanderschuhen oder Kanu folgt man jedoch weiter dem natürlichen Billelauf über Billbrook und Kirchsteinbek bis zur A 1, wo ein Wehr das Ende des Unterlaufs und den Beginn der Mittleren Bille markiert. Der Fluss schlängelt sich gemächlich durch die Felder und Wiesen der Billwerder Marsch und entlang den Boberger Dünen. Hinter Lohbrügge leitet seit 1443 der Schleusengraben den Großteil des Bille-Oberlaufs in die Dove-Elbe, in Bergedorf speist das schon seit 1208 aufgestaute Billewasser den Schlossgraben.

Der Hafen von Bergedorf – auch Serrahn genannt – mit musealen Segelschiffen

Tipp für Wanderer
Von Reinbek-Loddenallee bis zur Billwerder Kirche lädt der circa 13 Kilometer lange Bille-Wanderweg zum Wandern ein. Man gelangt auch von Bergedorf, Lohbrügge, Boberg und Billwerder zu dem landschaftlich reizvollen Wegesystem.

Billemündung Brandshofer Schleuse
Bis Brandshofer Deich/An der Brandshofer Schleuse fahren oder S-Bahn Rothenburgsort aussteigen

Die Bille vom Fluss aus erleben
Über Schiffstouren können Sie sich informieren unter:

Bergedorfer Schifffahrtslinie Buhr GmbH
Serrahnstraße 1
21029 Hamburg-Bergedorf
T. 04073 675690
www.barkassenfahrt.de

ATG Alster-Touristik GmbH
Anleger Jungfernstieg
20354 Hamburg
T. 040 3574240
www.alstertouristik.de

Anfahrt mit öffentlichen Verkehrsmitteln:
S 2 bis Bergedorf oder S 21 bis Aumühle

Der Containerterminal Altenwerder gehört mit seinem hohen Automatisierungsgrad auch nach vielen Jahren immer noch zu den modernsten Anlagen der Welt.

Aus aller Welt

Containerterminal Altenwerder

Um diesen riesigen Containerterminal bauen zu können, musste das Fischerdorf Altenwerder weichen. Einzig der Kirchturm ragt bis heute aus dem Wald der zwischengelagerten Container heraus. Der jüngste modernste Hamburger Containerterminal wurde im Jahr 2002 in Betrieb genommen. Die Planer des Terminals hatten den Ehrgeiz, hier die Zukunft des Containerumschlags vorwegzunehmen – mit einer weitgehend automatisierten Anlage. Noch heute ist der Containerterminal Altenwerder eine der modernsten Anlagen dieser Art weltweit. Seine Besonderheit liegt im weitgehend automatisierten Ablauf aller Be- und Entladungsvorgänge. Die Container der ankommenden Schiffe werden von riesigen Super-Post-Panamax-Containerbrücken (Höhe der Ausleger etwa 110 Meter, Eigengewicht circa 2000 Tonnen!) vom Kranführer an Land bewegt. Herz der Anlage ist ein großer Leitstand, von dem aus alle Terminalprozesse mithilfe der EDV gesteuert werden – darunter auch sämtliche Kräne und die vollautomatischen Transportfahrzeuge (AGV = Automatic Guided Vehicle). Die Flä-

chen im Hafen sind knapp. Mit seiner hohen Flächenproduktivität trägt der Terminal Altenwerder wesentlich dazu bei, auf kleinem Raum große Umschlagsmengen schnell und effizient abzuwickeln. Die Anlage wird von der Hamburger Hafen und Logistik AG (HHLA) betrieben und ist einer von insgesamt vier Containerterminals im Hamburger Hafen.
Die Eröffnung des ersten Containerterminals durch die HHLA am Burchardkai in Waltershof Mitte 1968 markiert den Start einer neuen Epoche in der Hafenentwicklung. Das Verladen und der Transport von Stückgut in genormten Behältern – den Containern – haben Schifffahrt und Umschlag seitdem grundlegend revolutioniert.
Die weiteren großen Containerterminals in Hamburg sind: der Burchardkai, der im Nordwesten Steinwerders gelegene und ebenfalls von der HHLA betriebene Tollerort-Terminal sowie der in unmittelbarer Nähe zur südlichen Einfahrt zum Elbtunnel gelegene Containerterminal Hamburg von Eurogate, einem Gemeinschaftsunternehmen der Bremer Lagerhaus Gesellschaft (BLG) und dem seit fünf Generationen erfolgreich tätigen Familienunternehmen Eurokai.

Empfehlung
Erleben Sie den Hamburger Hafen und insbesondere den Containerterminal Altenwerder aus einer völlig neuen Perspektive. Fahren Sie dorthin, wo andere nur über den Zaun sehen. Blicken Sie hinter die Kulissen.

Busrundfahrten durch den Hafen
werden angeboten von:
www.jasper.de
T. 040 22710610

Infos zu den Containerterminals Altenwerder, Tollerort und Burchardkai
www.hhla.de

Infos zum Containerterminal Eurogate
www.1.eurogate.de

24 Stunden am Tag, sieben Tage die Woche – die vier Containerterminals im größten deutschen Seehafen arbeiten rund um die Uhr.

Wie zu Omas Zeiten

Eine Seefahrt nach Cranz

Wer diesen Ausflug richtig genießen will, der muss zunächst nach Blankenese und von dort auf den Anleger Op'n Bulln. Vom S-Bahnhof nimmt man am besten die „Bergziege", wie der kleine Omnibus genannt wird, der sich vom fast achtzig Meter hohen Geesthang durchs Treppenviertel hinunter zum Anleger für die Fährschiffe schlängelt.

Stündlich legt im Sommer die *Altona* an und ab und bringt einen hinüber ins Alte Land. Über zwei Kilometer ist hier die Elbe breit. Die kleine Seereise beginnt mit einem herrlichen Blick auf das „Positano des Nordens", wie Blankenese oft genannt wird, auf das von Airbus halb vereinnahmte Mühlenberger Loch mit seiner noch immer vorhandenen Natur und seinen Süßwasserwatten und auf manchmal in gefährlicher Nähe passierende Containerriesen.

Bis am Anleger Cranz, dem südwestlichen Außenposten Hamburgs, der Zielhafen erreicht wird, sind noch zwei Abenteuer zu bestehen: die Durchfahrt durch das Este-Sperrwerk und das Passieren der ältesten, 1635 gegründeten Hamburger Pelle Sietas Werft.

Entspannt verlässt man den Elbe-Dampfer, durchquert den Fährhaus-Garten, hält sich dann auf dem Deich links und biegt nach kurzem Fußweg ins „Gasthaus zur Post" ein. Hier erwartet einen ein Kaffegarten wie zu Omas Zeiten, ein Essen vom Feinsten und Kuchen, die wirklich hausgemacht sind.

Wer dann noch Kraft genug hat, dem sei ein Ausflug nach Neuenfelde empfohlen. Der knapp vier Kilometer lange Fußweg lohnt sich. In der 2017 restaurierten Kirche ist nicht nur Ruhe und Einkehr zu finden, sondern auch ganz viel Kultur: Die auf einer Düne gelegene 1682 erbaute Kirche St. Pankratius beherbergt unter anderem den ältesten Kanzelaltar Norddeutschlands und eine der berühmten Orgeln des noch be-

St. Pankratius ist eine besonders hübsche Pfarrkirche und das malerische Umfeld tut sein Übriges: Die Altländer Bauernhäuser mit den Prunkpforten und die Obstblüte im Frühling sind immer einen Abstecher wert.

rühmteren Orgelbauers Arp Schnitger (1648–1719), der hier gelebt, gearbeitet hat und begraben wurde. Gehen Sie vom „Gasthaus Zur Post" nach links auf dem Estedeich bis zur Brücke „Am Alten Estesperrwerk" und überqueren diese. Halten Sie sich links und gehen Sie auf dem Deich oder auf der Straße hinter dem Werftgelände immer geradeaus. Dann nach links in die Hasselwerder Straße, Kirche besichtigen und zurück den direkten Weg über den Fleetdamm und den Neuenfelder Hauptdeich zum Anleger Neuenfelde am Sperrwerk nehmen.

St. Pankratius Neuenfelde
Organistenweg 7
21129 Hamburg
T. 040 7459296
www.kirche-suederelbe.de/neuenfelde
Kirche geöffnet tgl. 9–16 Uhr, Neuenfelder Orgelmusiken: April–Dez. am 1. So im Monat 16.30 Uhr (Eintritt frei, Spenden am Ausgang)

Gasthaus Zur Post
Estedeich 88
21129 Hamburg
T. 040 7459409
www. gasthaus-zur-post-cranz.de

Anfahrt mit dem Auto
Durch den Elbtunnel in Richtung Süden nehmen Sie die Ausfahrt 30 (HH-Waltershof) und folgen der Finkenwerder Straße in Richtung Finkenwerder. Vorbei am Airbus-Gelände biegen Sie nach Passieren des Sperrwerks Neuenfelde auf die Straße Estedeich ab.

Anfahrt mit öffentlichen Verkehrsmitteln
Neben der Beschreibung im Text erreichen Sie Cranz auch mit der Buslinie 150 ab Bahnhof Altona bis Hamburg-Cranz (Fähre).

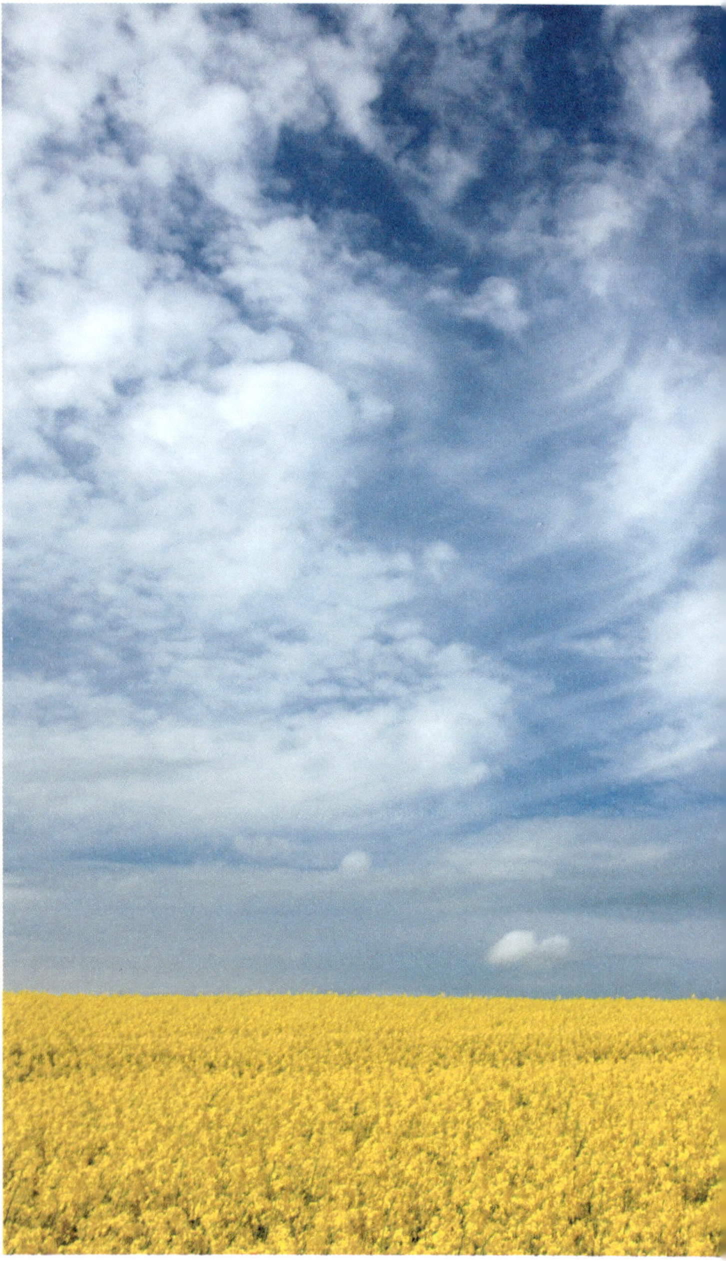

Ausflüge nach Schleswig-Holstein

Schulauer Fährhaus – Willkomm Höft: Die Schiffbegrüßungsanlage wurde 1952 eingerichtet. Bei Kaffee und Kuchen oder einem guten Essen erfahren Sie viel Wissenswertes über die Hamburg anlaufenden Schiffe.

Winde wehen, Schiffe gehen ...

Wedel

Da steht man an der Elbe, schaut versunken auf den großen Strom, und dann das: Lautstark dröhnt aus einer Anlage eine uns oft unbekannte Nationalhymne. Am Willkomm Höft vor dem Schulauer Fährhaus werden alle größeren ein- und auslaufenden Schiffe mit ihrer Hymne und in ihrer jeweiligen Landessprache begrüßt. Und für die ganz Neugierigen wird auch noch erklärt, woher das Schiff kommt, wohin es fährt, wie groß es ist und welche Besonderheiten es ausmacht. Und das bereits seit Juni 1952. Kleineren Schiffen wird nur durchs Dippen der Flagge Hochachtung gezollt. Da das Willkomm Höft sogar in den Seekarten eingetragen ist, wissen die Seeleute in aller Welt, wo Wedel liegt.

Es ist schon beeindruckend, bei einer Tasse Kaffee und Kuchen auf der großen Terrasse des Schulauer Fährhauses zu sitzen und die riesigen Container – oder, das Highlight, einen der vielen Kreuzfahrer – majestätisch vorbeiziehen zu sehen. Da kommt Wehmut auf – nicht nur

Ernst-Barlach-Museum Wedel: Hier wurde der große Künstler am 2. Januar 1870 geboren. Seit 1987 finden in der Mühlenstraße Nummer 1 Ausstellungen zu zeitgenössischer Kunst statt.

an Land. Und man hat das Gefühl, einen Hauch von großer weiter Welt zu spüren.
Wer noch näher dran sein will, dem sei die Einkehr bei Isi's Fischspezialitäten auf der Wiese zwischen Straße und Elbe empfohlen (auf Wind achten, dann kann es dort ungemütlich werden, ist aber urig und total angesagt). Da man nur draußen sitzen kann, ist es ein Schönwettertipp.
Wedel, das erstmals urkundlich im Jahr 1212 erwähnt wurde, ist aber auch bekannt wegen seines Ochsenmarktes. Da hier die Elbe besonders flach war, konnten Tausende dieser mächtigen Tiere auf einem Prahm auf die andere Seite des großen Stroms gebracht werden. Von dort ging

Wedel Tourist-Informationsstelle
Rathausplatz 3–5
22880 Wedel
T. 04103 7070
www.wedel.de

Schiffsbegrüßungsanlage Willkomm Höft
Parnaßstraße 29
22880 Wedel
Durchgehend in Betrieb, barrierefrei

Ernst-Barlach-Museum Wedel
Mühlenstraße 1
22880 Wedel
T. 04103 918291
www.ernst-barlach.de/wedel

Schulauer Fährhaus – Willkomm Höft
Parnaßstraße 29
22880 Wedel
T. 04103 92000
www.schulauer-faehrhaus.de

Isi's Fischspezialitäten
Strandweg 3
22880 Wedel
T. 04103 97699

28° – Strandbad Wedel
Hakendamm 2
22880 Wedel
T. 040 43180072
www.28grad.com

Pane Vino
Am Marktplatz 3
22880 Wedel
T. 04103 89666
www.pane-vino-wedel.de

Das Wahrzeichen der Stadt Wedel – der um 1450 als Zeichen der Marktgerechtigkeit errichtete Roland

es dann weiter in den bevölkerungsreicheren Westen.
Aber Wedel ist nicht nur Elbe. In der Nähe des auf dem Markt thronenden Rolands (dem Symbol für Handelsrechte mit einem goldenen Reichsapfel in der Hand, dem Zeichen für Marktgerechtigkeit) befindet sich das Ernst-Barlach-Museum (Ernst Barlach, der große Bildhauer, wurde in Wedel geboren), die Kirche und das Stadtmuseum (Geschichte der Stadt und der Schifffahrt auf der Elbe).

Reepschlägerhaus in Wedel: Die Teestube bietet Besuchern Ausstellungen, Konzerte und einen ganz besonderen Apfelkuchen. Bei schönem Wetter wartet der liebevoll gepflegte Garten auf Sie.

Rast machen kann man direkt am Roland im Pane Vino. Wer Lust auf ein Steak hat, dem sei das Porter-House Wedel empfohlen, das direkt gegenüber liegt. Gut leben lässt es sich auch ein paar Gehminuten entfernt Richtung S-Bahn in der Wassermühle am Mühlenteich mit schöner Terrasse.
Das Reepschlägerhaus (ein in Wedel erbautes Handwerkerhaus aus dem Jahr 1758), in dem man wunderbar Tee trinken und Kuchen essen kann, liegt ebenfalls nur ein paar Fußminuten vom Roland (allerdings in die andere Richtung) entfernt an der Straße nach Holm. In der wärmeren Jahreszeit ist der Garten eine Augenweide.

Wedel ist also eine Kombination aus maritimem Flair mit Kultur (Theaterschiff), umgeben von Elbe, Marschen und Forsten (Klövensteen) und in unmittelbarer Nachbarschaft zur Weltmetropole Hamburg.

Hoch über der Elbe – ein Spaziergang
Erst am Willkomm Höft Schiffe begrüßen und den Blick auf die Elbe bei Kaffee und Kuchen genießen, und dann ein wenig Kondition tanken. Direkt hinter dem Schulauer Fährhaus beginnt ein wunderschöner Wanderweg, der schweißtreibend mit einer ganzen Anzahl von Treppenstufen beginnt. Doch es lohnt sich! Zahlreiche Bänke am Höhenweg laden zum Verweilen ein. Genießen Sie am Wedeler Elbufer die weiten Ausblicke über den Strom. Wer nicht so gut zu Fuß ist, der sollte am Beginn des kleinen Wäldchens wieder umkehren.

Porter-House Wedel
Am Marktplatz 2a
22880 Wedel
T. 04103 87302
www.porter-house.de

Wassermühle
Mühlenstraße 30
22880 Wedel
T. 04103 1872909
www.wassermuehle-wedel.de
Mit schöner Terrasse

Reepschlägerhaus
Schauenburgerstraße 4
22880 Wedel
T. 04103 85057
www.reepschlaegerhaus.de
Teestube und Galerie

Theaterschiff Batavia
Brooksdamm 1
22880 Wedel
T. 04103 85836
www.batavia-wedel.de
Kulturschiff und Theater mit Gastronomie und einem Biergarten

Anfahrt mit dem Auto
Folgen Sie der Elbchaussee nach Westen über Blankenese bis Rissen. Biegen Sie dort rechts ab und dann links auf die Sülldorfer Landstraße bis Wedel.

Anfahrt mit öffentlichen Verkehrsmitteln
Mit der S 1 ab Hauptbahnhof bis Wedel

Wo die Erde sich um die Sonne dreht

Wedel/Planetenweg

In Wedel befindet sich das Weltall. Spätestens seit Kopernikus wissen wir, dass die Erde sich um die Sonne dreht, der Mond um die Erde und die Entfernungen zwischen den einzelnen Planeten viel größer sind, als je gedacht. Wie unvorstellbar die Dimensionen unseres Sonnensystems sind, können Sie sich am Planetenpfad in Wedel im wahrsten Sinne des Wortes erlaufen.

Beginnend in Wedel an der Deichstraße und endend an der Hetlinger Schanze, wo Sie gemütlich einkehren können. Dazwischen liegen allerdings sechs Kilometer Fußweg.

Im Größenmaßstab von 1:1000 000 000 (in Worten: eins zu einer Milliarde) reihen sich wie an einer Schnur zehn Planetenmodelle aneinander, alle mit optischen und taktilen Übersichtsplänen versehen.

Die Tour beginnt im Zentrum unseres Planetensystems, der Sonne. Bis zum Uranus, einem der größten Planeten, haben Sie die Carl Zeiss Vogelstation erreicht, ein Paradies für Wasservögel mit Aussichtsstation. Danach geht es weiter bis zur Außenstation unseres Sonnensystems, dem Planeten Pluto (inzwischen ist ein weiterer entdeckt worden).

Der Planetenweg ist eine besondere Art eines Lehrpfads. Entlang der Wanderstrecke wird anhand verkleinerter Modelle (hier der Neptun) das Sonnensystem dargestellt.

Verblüffend: Wie „nah“ sich Erde und Mond, Erde und Venus, Erde und Mars sind und wie unendlich weit davon entfernt sich Saturn oder gar Pluto um die Sonne drehen. Nirgendwo sonst bekommt man ein besseres Gefühl für die unendlichen Entfernungen im Weltraum als hier. Und dabei geht es nur um unser Sonnensystem, das wiederum nur eines unter vielen in der Milchstraße ist. Und die Milchstraße ist in den Weiten des Weltraums nur die berühmte Stecknadel im Heuhaufen. Unfassbar!

Ein Paradies für Wasservögel: Die Carl Zeiss Vogelstation informiert mithilfe von Schautafeln über die Vogelwelt und die Lebensräume der Wedeler und Haseldorfer Marsch.

Diese Tour ist ganz besonders für Familien mit Kindern geeignet. Auch, weil es sich anbietet, bis zur Hetlinger Schanze zu wandern und dort eine Pause einzulegen. Bei Kaffee und Kuchen und Eis für die Kinder sitzt man entweder im Garten oder beim Bauern im Wohnzimmer. Zurück geht's auf der Elbseite des Deiches – mit herrlichen Blicken auf die vorbeiziehenden Containerriesen und andere Schiffe. Ab und zu kommt mal ein Radfahrer vorbei oder ein Spaziergänger starrt sinnend in die Elbwellen. Sonst trifft man nur Schafe, die auf den Deichen grasen.

Carl Zeiss Vogelstation
22880 Wedel
T. 040 64855253
Mi, Do, Sa und So 10–16 Uhr
www.hamburg.nabu.de
Flachwasserzonen locken mit einem reichhaltigen Nahrungsangebot für Watvögel wie Bekassine und Austernfischer. Im tieferen Wasser jagen Reiher- und Tafelenten, während die Grünflächen und Inseln vor allem als Brut- und Rastplatz genutzt werden. Der Beobachtungsraum und drei verschiedene Beobachtungsstände am Ufer des Gewässers garantieren beste Ausblicke auf seltene Vögel, ohne diese zu stören.

Café Hetlinger Schanze
Hetlinger Schanze 3
25491 Hetlingen
T. 04103 2214
Sa–So 13–18 Uhr

Das Elbe 1 in Wedel – Bistro mit Elbblick
Strandbaddamm 18
22880 Wedel
T. 04103 7035157
www.elbe1.com
April–Okt. Mo–Sa 12–21 Uhr, So 11–18 Uhr, im Winter nur Sa–So

Anfahrt mit dem Auto
Elbchaussee Richtung Westen bis Rissen; rechts abbiegen, danach links auf Sülldorfer Landstraße bis Wedel, an der S-Bahnstation vorbei bis Auestraße, links der Schulauer Straße folgen bis Deichstraße

Anfahrt mit öffentlichen Verkehrsmitteln
Mit der S 1 ab Hauptbahnhof bis Wedel, von dort mit dem Bus 594 bis Strandbaddamm

Die Haseldorfer Marsch – das Land der weiten Horizonte: Die Wattflächen, Grünländer und Röhrichte vor den Elbdeichen sind dem Einfluss der Elbe ausgesetzt und beherbergen eine interessante Flora und Fauna.

Symbiose zwischen Natur und Kultur

Haseldorfer Marsch

Unberührte Inseln im Elbstrom, ursprüngliche Vorlandflächen, die weite Marsch und die angrenzende sanft bewegte Geest: Das sind die prägenden Landschaftselemente der Haseldorfer Marsch im Westen von Hamburg.

Das ganze Jahr über findet hier ein außergewöhnliches Naturschauspiel statt: Während sich im Frühjahr erste Zugvögel bei ihrer Suche nach Rast- und Brutplätzen von den Beobachtungsständen der Haseldorfer Binnenelbe und der Carl Zeiss Vogelstation beobachten lassen, beeindruckt Ende April die selten gewordenene Schachblume mit ihrer Blütenpracht. Im Sommer laden Elbstrände zu einem Sonnenbad ein. Im Herbst präsentieren Obstbauern auf den Holsteiner Apfeltagen ihre Höfe und auch im Winter, wenn sich am Elbdeich die Eisschollen aufschieben und die Gräben zufrieren, bekommt die herbe Landschaft einen ganz besonderen Reiz.

Seit Menschengedenken mussten sich die Bewohner dieser tief

gelegenen Elbmarsch immer wieder mit schweren Sturmfluten auseinandersetzen. Vielen noch in Erinnerung ist die Hamburger Sturmflut von 1962, während der auch die Haseldorfer Marsch meterhoch unter Wasser stand. Auch am 3. Januar 1976 brachen Deiche bei Hetlingen. Wie durch ein Wunder kam damals kein Mensch ums Leben. Heute sind die Marsch und ihre Dörfer durch neu errichtete mächtige Elbdeiche geschützt.

Rundgang

Um diese besondere Landschaft kennenzulernen, sei ein etwa 2,5 Kilometer langer Rundgang empfohlen, der durch den Haseldorfer Schlosspark mit seinem Herrenhaus und der mehr als sehenswerten Kirche direkt daneben führt, den Besuch einer der größten Graureiherkolonien Schleswig-Holsteins vorsieht sowie das Kennenlernen der „Bandreißerkultur" ermöglicht. Ausgangspunkt ist das Elbmarschenhaus (dort kann man auch gut parken). Von dort halten Sie sich links, gehen parallel zur Hauptstraße entlang und biegen nach knapp fünfzig Metern rechts in die zum Herrenhaus führende Allee ein. Mit dem Bau des Herrenhauses beauftragte

Elbmarschenhaus
Hauptstraße 26
25489 Haseldorf
T. 04129 955490
www.elbmarschenhaus.de
tgl. 10–16 Uhr
Das Elbmarschenhaus bildet den zentralen Anlaufpunkt für Ausflüge in die Region. Eine interaktive Ausstellung informiert über die Natur- und Kulturlandschaft der Elbe. Außerdem werden Führungen angeboten.

NABU Naturzentrum Scholenfleth
Hauptstraße 26
25489 Haseldorf
T. 04129 9554911
April–Sept. So 11–16 Uhr

Der besondere Ausflug
Eine geführte Fahrt mit dem Tidenkieker ins Reich der Seeadler und Schilfrohrsänger auf der noch ursprünglichen Haseldorfer Binnenelbe mit einem Landgang auf der Insel Pagensand bieten ein Erlebnis der ganz besonderen Art.
Termine und Touren unter:
www.tiedenkieker.de

☕ Marschcafé
Hohenhorster Chaussee 28
25489 Haselau-Hohenhorst
T. 04129 757
www.marschcafe.de
Circa 300 Jahre alte Reetdachkate, Familienbetrieb. Probieren Sie mal die Bratapfeltorte!

Das Herrenhaus in Haseldorf stammt aus dem Jahr 1804. Zusammen mit den Nebengebäuden bildet es eine u-förmige Anlage.

Die im 13. Jahrhundert entstandene Kirche St. Gabriel liegt am Eingang zum Park des Haseldorfer Herrenhauses und gilt als bedeutendster spätromanischer Backsteinbau in den Elbmarschen.

der damalige Besitzer der Güter Haseldorf und Haselau, Hans Heinrich von Schilden, um 1800 den berühmten Dänen Christian Friedrich Hansen, der auch in Hamburg-Altona sowie rechts und links der Elbchaussee für einige repräsentative Bauten verantwortlich ist. 1804 wurde der eingeschossige Backsteinbau im Stil des dänischen Klassizismus fertiggestellt. Die Freitreppe und die Dachgauben stammen aus dem 19. Jahrhundert. Eine Besichtigung des Gebäudes ist leider nicht möglich.

Vor dem Schloss biegt ein Weg rechts ab zu der zwischen 1200 und 1250 errichteten, einschiffigen Haseldorfer Kirche St. Gabriel, dem bedeutendsten spätromanischen Backsteinbau der Elbmarschen. In einem Epitaph aus dem 16. Jahrhundert am Ostgiebel, über dem sechs Wappenfelder bedeutender Adelsgeschlechter zu bewundern sind, werden besondere Ereignisse der damaligen Zeit geschildert, u. a. die schaurige Geschichte einer Bluttat. Sehenswert sind auch das Innere sowie die alten Grabsteine in der Nähe der Kirche. Noch eine Besonderheit ist die entlang der Kirche zum Marktplatz führende und 1990 als Naturdenkmal unter Schutz gestellte Lindenallee.

Wenn Sie die Kirche umrunden, gelangen Sie wieder an den Wassergraben, an dem entlang ein Weg im Halbrund durch den idyllischen Haseldorfer Schlosspark führt. Dort erwarten Sie herrliche alte Bäume, romantische Brücken und mit Seerosen bewachsene

Gewässer. Zahlreiche alte Eiben mit stattlichem Umfang lassen sich hier bewundern. Und während im Frühjahr die amerikanische rosafarbene Himbeere blüht, fallen im Herbst die Tulpenbäume mit ihrer leuchtend gelben Herbstfärbung ins Auge. Linkerhand überqueren Sie eine kleine weiße Brücke, von dort führt der Weg weiter zum Deich (rechts halten).
Vom Deich aus wird ein alter Eichenbestand sichtbar. In diesen hohen Bäumen lebt eine Graureiherkolonie mit über 120 Brutpaaren. Sie ist die größte in ganz Schleswig-Holstein. Mit einer Flügelspannweite von 1,70 Meter und einer Länge von etwa neunzig Zentimetern ist der Graureiher fast so groß wie ein Storch. Er ernährt sich hauptsächlich von Mäusen, Fröschen und Fischen. Bei der Jagd steht er oft unbeweglich in seichten Gewässern, schlägt blitzschnell zu, sobald er seine Beute erblickt, und würgt sie dann komplett hinunter. Graureiher gehören zu den am weitesten verbreiteten Reihern in Mitteleuropa. Sie brüten von März bis April, meist wie hier auch auf hohen Bäumen in Kolonien.

Obstgarten
Hafenstraße
25489 Haseldorf
T. 04129 955490
Rund um die Uhr geöffnet,
Eintritt frei

Mitten in der Marsch liegt der Obstgarten mit einer Sammlung von 180 alten Obstsorten. Hauptsächlich Äpfel, darunter viele regionale, standorttypische und auch kaum bekannte Sorten, wie „Hochzeitsapfel", „Doppelmelone", „Krügers Dickstiel" oder „Schöner aus Haseldorf". Im frühen Herbst, wenn die Äpfel reifen, ist der Besuch besonders zu empfehlen. Dann können die Früchte probiert und die eigene Lieblingssorte entdeckt werden. Auch viele Birnen- und Pflaumensorten sind im Garten angepflanzt, darunter solche mit Namen wie „Quillins Reneclaude", „Lützelsachser Frühzwetsche" oder „Frühe Fruchtbare".
Der Garten ist am Haseldorfer Hafen binnendeichs ausgeschildert, am besten das Auto dort parken und dann zu Fuß weiter. Das Elbmarschenhaus an der Hauptstraße 26 in Haseldorf gibt weiterführende Informationen und bietet Führungen an.

Die Bandreißerkate in Scholenfleth/Haseldorf: Die Kunst der Bandreißerei wurde jahrhundertelang in der Marsch praktiziert. Besichtigungen der Kate sind sonntags möglich.

Der Weg führt nun weiter auf dem Deich entlang bis zum kleinen Marktplatz an der Kirche. Außendeichs ist die Landschaft wie überall in der Marsch von unzähligen Gräben durchzogen, die einen Lebensraum für viele bedrohte Tier- und Pflanzenarten darstellen. Begünstigt durch die Feuchtigkeit gedeiht an den höher gelegenen Ufern eine üppige Vegetation.

Ein wenig weiter zieht sich eine Weidenpflanzung am Weg entlang, eine sogenannte Bandholzkultur, wie sie in der Haseldorfer Marsch früher für einen speziellen Zweck angepflanzt wurde und zusätzlich als Deichschutz diente. Im Winter schnitt man die etwa drei bis vier Jahre alten Weidenruten kurz über dem Boden ab, befreite sie von Seitentrieben, bündelte sie und weichte sie anschließend in den Gräben oder Prielen ein. Im Frühjahr wurden die Ruten dann entrindet (gebastet), aufgespalten und anschließend in einer Biegemaschine rund gebogen. Die nun entstandenen Bänder dienten als Reifen für verschiedenste Fässer. Noch um 1900 war die Holztonne, für die die Fassreifen benötigt wurden, eine gängige Verpackungsform für den Transport von Butter, Bier, Getreide, Fisch und Salz. Für die Butterfässer wurden weiße, geschälte Weidenruten verwendet. Bis ins 17. Jahrhundert fertigten die Böttcher ihre Fassreifen selbst, danach spezialisierten sich einige von ihnen völlig auf die sogenannte Bandreißerei. Der Name bezieht sich auf das Spalten – also Auseinanderreißen – der Weidenruten, um daraus die Bänder herzustellen. Dieses Handwerk wurde in der Marsch von 1796 bis etwa 1960 ausgeübt, so auch hier in Haseldorf. Um 1900 gab es in der Haseldorfer und der Seestermüher Marsch noch 130 Meister und 400 Gesellen. Der Niedergang begann, als Butter nicht mehr in Fässern, sondern in Pappkartons transportiert wurde. Heute gilt das Handwerk als ausgestorben, nur einige wenige Bandreißer beherrschen es noch. In Scholenfleth steht eine historische Bandreißerkate, in der man sich Werkstatt und Wohnräume der damaligen Bandreißer ansehen kann.

Deichhof Haseldorf
Hauptstraße 39
25489 Haseldorf
T. 04129 955550
www. deichhof-haseldorf.de
Gemütliches Café in den ehemaligen Wohnräumen des 1826 gebauten Hauses. Terrasse und Garten

Haseldorfer Hof
Hauptstraße 32
25489 Haseldorf
T. 04129 955299
www.haseldorferhof.de
Ganz in der Nähe des Schlosses. Gutbürgerliche Küche

Bandreißerkate
Achtern Dörp 3a
Scholenfleth
25489 Haseldorf
Geöffnet an jedem 1. So im Monat inkl. Führung und an Veranstaltungen (Diese können Sie der Homepage des Kulturvereins Haseldorfer Marsch e.V. entnehmen: www.kulturverein-haseldorf.homepage.t-online.de/index.php, der auch für Information rund um die Bandreißerkate zur Verfügung steht).

Anfahrt mit dem Auto
Über die A 23 Ausfahrt 18 (Pinneberg Süd) links abbiegen auf die Rellinger Straße; der Wedeler Chaussee und dem Lehmweg folgen bis Holm; dort links abbiegen Richtung Hetlingen und der Hauptstraße bis Haseldorf folgen

Anfahrt mit öffentlichen Verkehrsmitteln
Mit der S 1 bis Wedel, dann weiter mit dem Bus 589 Richtung Altendeich; in Haseldorf aussteigen

Panoramaansicht der Hochzeitsinsel im Uetersener Rosarium

Für Rosenfreunde und die, die es werden wollen

Uetersen

Sieben Hektar Rosen ... vor den Toren Hamburgs, im Rosarium von Uetersen, befindet sich der größte Rosengarten Norddeutschlands. 30 000 Rosen in mehr als 830 Sorten werden hier in allen Farbschattierungen und Duftnuancen gezeigt. Gleich neben dem Rathaus gelegen, erfreut sich der Park besonders in den Monaten Juni und Juli einer wunderbaren Blütenpracht.
Rund um den Globus ist Uetersen und seine Umgebung für die Leistungen in der Rosenzucht berühmt. Das größte Rosenzuchtgebiet der Bundesrepublik mit mehr als zwanzig Millionen Pflanzen, die in großflächigen Betrieben großgezogen und zum Teil in die entferntesten Winkel der Erde exportiert werden, ist in dieser Baumschulenregion beheimatet.
Nicht umsonst trägt Uetersen seit 1992 den Beinamen „Rosenstadt“. Im Rosenpark sind die einzelnen Sorten in geometrischer Anordnung in Beeten zusammengefasst und in gepflegte Rasenflächen rund um den Mühlenteich eingebettet. Die gesamte Palette der Rosenwelt ist

zu sehen: von Beet-, Kletter- und Hochstammrosen bis zu den sogenannten Ramblern, die besonders hoch wachsen. Zudem ist das Rosarium eine öffentliche Parkanlage, die jederzeit besucht werden kann.
In der Uetersener Rosensaison finden jeden Sonntag um 10.30 Uhr kostenlose Führungen statt. Der Treffpunkt ist der Haupteingang des Parkhotels Rosarium. Der Rundgang dauert circa 1,5 Stunden.
Die offizielle Rosensaison in Uetersen währt nur von Sommeranfang bis Ende August, aber die Schönheit der Königin der Blumen kann man noch weit darüber hinaus in den Monaten September und Oktober bis zum ersten Frost im November bewundern.
Entstanden ist diese Pracht durch den Uetersener Rosenzüchter E.L. Meyn (1909–1934), der mit der Methode der Veredelung der Rose anfing, die dann von den weltbekannten Rosenzüchtern Wilhelm Kordes aus Sparrieshoop und Mathias Tantau aus Uetersen verfeinert wurde. Die beiden ergriffen auch die Initiative zum Bau des Rosariums, das im Juli 1934 der Öffentlichkeit übergeben wurde.

Fremdenverkehrsamt Uetersen
25436 Uetersen
www.uetersen.de

Rosarium Uetersen
Wassermühlenstraße 7
25436 Uetersen
T. 04122 714372
www.uetersen.de

Parkhotel Rosarium
Berliner Straße 10
25436 Uetersen
T. 04122 92180
www.parkhotel-rosarium.de
Romantisch am Mühlenteich im Rosarium gelegen, saisonale Köstlichkeiten und natürlich hausgemachter Kuchen. Sonnenterrasse

Die Klosterküche
Klosterhof 4
25436 Uetersen
T. 04122 8439032
www.klosterkueche-uetersen.jimdo.com

Die Geschichte Uetersens, das vermutlich 1234 gegründet wurde, ist durch Brände, Kriege, Unglücke und Sturmflutkatastrophen geprägt. Bei der meterhohen Oktoberflut von 1756 kamen 62 Menschen ums Leben. Die letzte Überflutung der Sturmflut von Februar 1962 richtete glücklicherweise nur Sachschäden an.
Erhalten geblieben ist das historische Kloster, das Sie sich unbedingt anschauen sollten. Es wurde 1234 von Heinrich Barmstede II. gegründet und 1544 in ein adliges Damenstift umgewandelt. Mittelpunkt ist die Klosterkirche, die allerdings erst im 18. Jahrhundert erbaut wurde. Leider sind nicht mehr alle Gebäude erhalten, doch mit dem Klostervorwerk, dem Haus der Priorin mit schöner Rokokotür und dem Haus des Probstes ist das Ensemble allemal sehenswert und bildet den Kern der Altstadt. Hier lebte eine Brieffreundin des Dichterfürsten Johann Wolfgang von Goethe, die Gräfin Augusta Louise Stolberg. Der schöne Garten, den Sie unbedingt besichtigen sollten, wird vom Teehaus der Priorin, ein Pavillon in der Gestalt eines dorischen Vorhallentempels,

Die Klosterkirche in Uetersen gehört zum Ensemble des ehemaligen Zisterzienserinnen-Klosters.

geprägt. Weit wandert der Blick von dort in die Marschlandschaft der Pinnau.
Auch für das leibliche Wohl ist gesorgt. Die Klosterküche bietet regionale Gerichte, angelehnt an historische Rezepte. Samstags und sonntags gibt's auch Kaffee und Kuchen.

Zwei Tipps

Wenn Sie mit dem Auto unterwegs sind: vom Klosterhof in die Kreuzstraße links einbiegen, nach gut hundert Metern wieder links in die Kuhlenstraße, danach parallel zur Pinnau über die Deich- und die Oberrechtstraße solange fahren, bis Sie auf der linken Seite eine Brücke sehen. Die Klevendeicher Drehbrücke ist ein Kulturdenkmal der besonderen Art: 1887 gebaut, ist

Die Klevendeicher Drehbrücke über die Pinnau wurde 1887 erbaut und steht als Kulturdenkmal unter Denkmalschutz.

sie die zweitälteste funktionsfähige Drehbrücke Deutschlands und steht unter Denkmalschutz. Früher wurde die Brücke per Hand gedreht, heute ersetzt ein Elektromotor das noch immer existierende Handrad.
Noch ein zweiter Tipp: Nur wenige hundert Meter weiter wartet die Aal-Kate mit leckeren Schleswig-Holsteinischen Spezialitäten und einem faszinierenden Blick über die Pinnau und die Marschlandschaft. Der Aal wird hier noch selbst geräuchert.

Restaurant Aal-Kate
Kuhlworth 21
25436 Neuendeich
T. 04122 2264
www.aal-kate.de
An der Pinnau gelegen, maritimes Ambiente. Fisch aus nachhaltigem Fang, Terrasse mit Aussicht

Anreise mit dem Auto
Aus Hamburg kommend die A 23 in Richtung Itzehoe/Husum fahren bis Ausfahrt 15 (Tornesch); circa 1,5 Kilometer nach dem Ortsschild Uetersen an der Schwimmhalle links Richtung Rathaus/Rosarium in die Wassermühlenstraße abbiegen

Anreise mit öffentlichen Verkehrsmitteln
Zuerst mit der Regionalbahn von Hamburg nach Elmshorn bis zur Haltestelle Tornesch fahren, dann den Stadtbus (Linie 6661) nach Uetersen nehmen und beim Rosarium, Wassermühlenstraße, aussteigen

Die Lotosblüte auf dem Parksee: Nirgendwo in Deutschland gibt es sie in einer so ausgedehnten Freilandkultur wie im Arboretum Ellerhoop.

Spektakuläre Pflanzen und Gehölze

Die Norddeutsche Gartenschau/ Arboretum Ellerhoop

Nicht einmal dreißig Minuten benötigt man mit dem Auto von der Großstadt in die Idylle einer kleinen Welt aus Pflanzen und Bäumen. Auf dem 17 Hektar großen Gelände lässt sich neben einer Sammlung bekannter und unbekannter Gehölze (Arboretum) vor allem eine wunderschöne Gartenlandschaft bewundern, die nicht nur für den Botaniker viel zu bieten hat, sondern in der man auch Ruhe und Erholung findet.

Zwischen Pinneberg und Barmstedt gelegen, präsentiert die Norddeutsche Gartenschau im Arboretum Ellerhoop auch garten- und umweltrelevante Themen. So bietet der Park eine Kombination aus Schulbiologie, Baumwissenschaft und ökologischen Aspekten einerseits sowie Gartenkultur, Gartenkunst und Naherholung andererseits. Besonderes Highlight ist die mit circa 2500 Pflanzen größte Strauch-Päonien-Sammlung Deutschlands sowie die spektakuläre hochsommerliche Lotosblüte im Parksee. Zahlreiche Themen- und Farbgärten runden das vielseitige Programm ab.

Als Publikumsmagnet gilt auch der liebevoll gepflegte Bauerngarten vor dem Südgiebel des historischen Münsterhofs. Ein Besuch des Arboretums lohnt sich zu jeder Jahreszeit – angefangen bei den Frühlingsblühern, die die Gartensaison eröffnen, bis hin zur prächtigen Herbstfärbung in der Abteilung „Indian Summer" am Parksee.

Besondere Attraktion
ist die weltweit einzigartige Nachbildung des „General Sherman Tree". Der etwa 2300 Jahre alte Bergmammutbaum im kalifornischen Sequoia-Nationalpark hält den Rekord als der größte (volumenreichste) Baum der Welt. Seine Maße lösen ehrfurchtsvolles Staunen aus: Er ist knapp 84 Meter hoch und besitzt einen Stammumfang am Boden von 31 Metern. Sein absolut originalgetreuer, circa zehn Meter hoher Eins-zu-eins-Nachbau des unteren Stammes ist die Besucherattraktion der Norddeutschen Gartenschau. In die Mitte des oben offenen Kunstwerks wurde ein lebender 40-jähriger Mammutbaum gepflanzt, der über das Modell hinausragt. Der Innenraum des Kunstbaumes ist begehbar.

Förderkreis Arboretum
Thiensen 4
25373 Ellerhoop
T. 04120 218
www.norddeutsche-gartenschau.de
Im Sommer 10–19 Uhr, im Winter 10–Anbruch der Dämmerung, Dez.–Mitte Jan. geschlossen

Café im Münsterhof am Arboretum
T. 04120 218
März–Okt. tgl. 11–18 Uhr, Sa–So 10–18 Uhr
Gemütliches Café im 350 Jahre alten Münsterhof

Gärtnerei am Arboretum
T. 04101 782392
www.gaertnerei-am-arboretum.de
Sie haben eine Pflanze entdeckt und möchten sie gleich mitnehmen? Am Eingang zur Gartenschau befindet sich der Gartenbaubetrieb von Herrn Müller mit einer großen Auswahl.

Anfahrt mit dem Auto
Über die A 23 Ausfahrt 15 (Tornesch); rechts abbiegen, nach circa einem Kilometer erneut rechts abbiegen auf die alte B 5. Nach 700 Metern erreichen Sie die Abzweigung nach Thiensen (links). Von dort sind es 700 Meter bis zu den Parkplätzen.

Anfahrt mit öffentlichen Verkehrsmitteln
Aus Richtung Hamburg/Pinneberg: an der Endhaltestelle der S 3 (Pinneberg) in die Buslinie 185 nach Ellerhoop umsteigen. Diese hält an der Haltestelle Ellerhoop/Arboretum. Von dort sind es noch circa 700 Meter Fußweg.

Die Barmstedter Schlossinsel im Rantzauer See. Das Gebäudeensemble mit vier Bauwerken geht auf eine mittelalterliche Befestigungsanlage zurück. Das ehemalige Schlossgefängnis (Foto) beherbergt heute ein Café.

Es grünt so grün ...

Barmstedt

Herzstück des Naherholungsgebiets rund um den Rantzauer See bildet die von Burggraben, Krückau und dem See umgebene idyllische Schlossinsel, auf der sich um 1140 die Burg der Ritter von Barmstede und später der Grafen- und Amtsverwaltersitz Rantzau befand. In dieser verwunschenen Welt, die über eine kleine kopfsteingepflasterte Brücke betreten wird, scheint die Zeit stillzustehen, auch wenn die Turmuhr des ehemaligen Schlossgefängnisses schlägt, in dem heute ein Café zu leckerem Kuchen und zum „Knastessen" in den originalgetreu hergerichteten Zellen einlädt.
Kaum zu glauben, dass in dieser Idylle ein Mord stattfand. 1721 wurde im nahegelegenen Wald der Reichsgraf Christian Detlev zu Rantzau angeblich von seinem Bruder ermordet (ein Gedenkstein erinnert daran). Bei dem Prozess in Rendsburg wurde sein Bruder Wilhelm Adolf zu Rantzau 1726 zu Festungshaft bis zum Ende seines Lebens verurteilt. Die Strafe verbüßte er in Akershus bei Oslo.
Auch die historischen Gebäude auf der Schlossinsel sind eine Besichtigung wert. Kunst- und Kulturliebhaber kommen in der

kleinen Galerie im Hochparterre des ehemaligen Gerichtsschreiberhauses, dem Atelier der Künstlerin Karin Weißenbacher, sowie in der Kunsthandwerkstatt, die in der Remise untergebracht ist, auf ihre Kosten.
Die liebevoll restaurierte Wassermühle informiert rund um das Thema Töpfern.
Im Museum der Grafschaft Rantzau können Sie sich über die Geschichte der Stadt und der Region informieren und alles über den Alltag der Menschen erfahren, die hier in all den verschiedenen Epochen lebten und arbeiteten.
Das Herrenhaus von 1806, das zeitweise Wohnsitz der dänischen Administratoren war, ist leider nicht öffentlich zugänglich.
Der in den 1930er-Jahren aufgestaute Rantzauer See und der angrenzende prächtige Rhododendronpark bieten mit Strand- und Hallenbad, Bootsverleih, Minigolf und Kinderspielplatz viele Freizeitmöglichkeiten.
Einen Abstecher lohnt die Barmstedter Innenstadt rund um die barocke Heiligen-Geist-Kirche von 1717, deren Turm wegen seiner Form „Schusterahle" genannt wird und die das weithin sichtbare Wahrzeichen der Stadt darstellt.

Tourist-Information
Am Markt 1
25355 Barmstedt
T. 04123 681204
www.barmstedt.de

Rantzauer Wassermühle
Rantzau 14
25355 Barmstedt
T. 04123 2983
www.rantzauer-wassermuehle.de

Museum der Grafschaft Rantzau
Rantzau 13
25355 Barmstedt
T. 04123 681204
www.museum-grafschaft-rantzau.de
April–Sept. So 14–17 Uhr, Okt.–März So 13–16 Uhr (außerhalb der Öffnungszeiten und für Gruppen nach Vereinbarung)

Schlossgefängnis – Galerie-Café
Rantzau 9
25355 Barmstedt
T. 04123 6139
www.schlossgefaengnis.de

Anfahrt mit dem Auto
Über die A 23 bis Ausfahrt 15 (Tornesch), dann rechts in Richtung Barmstedt. Hinter dem Kreisverkehr am Ortseingang befindet sich ein Parkplatz, von hier ist die Schlossinsel fußläufig erreichbar.

Anfahrt mit öffentlichen Verkehrsmitteln
Ab Hauptbahnhof mit dem RE in Richtung Kiel bis Elmshorn, dort umsteigen in die AKN-Linie 3 bis Barmstedt/Brunnenstraße. Von dort sind es etwa 1,5 Kilometer Fußweg bis zur Schlossinsel.

Der Glückstädter Hafen mit seinem malerischen Ambiente gilt als ein beliebter Anlaufpunkt an der Unterelbe. Er unterteilt sich in den Außen- und Binnenhafen. Der Binnenhafen (Foto) führt mitten in die Stadt und ist ein echtes maritimes Kleinod.

Matjes und Maritimes

Glückstadt

Kann es gut gehen, wenn Könige träumen? Der dänische König Christian IV. verwirklichte seinen und legte 1617 den Grundstein für eine neue Festungs- und Hafenstadt an der Elbe, die den reichen Hamburgern Konkurrenz machen sollte. Und einen Namen hatte er auch: „Dat schall glücken und dat mutt glücken, un dann schall se ok Glückstadt heten."

Um seinen Traum wahrzumachen, warb er portugiesische Juden und reformierte Holländer an. Glückstadt erlebte schon bald eine große Wirtschaftsblüte. Im Dreißigjährigen Krieg (1618–1648) war es die einzige Festungsstadt Schleswig-Holsteins, die nicht von den kaiserlichen und schwedischen Truppen eingenommen wurde. Trotzdem wurde Glückstadt nicht das, was sich der König erhoffte. Den cleveren Hamburger Kaufleuten konnten die Glückstädter nicht das Wasser reichen.

Der mächtige backsteingemauerte Hafenspeicher von 1827 direkt am Glückstädter Binnenhafen wurde einst von der Heringsfischerei als Salzspeicher genutzt.

Heute gilt die Stadt mit dem malerischen Ambiente als deutschlandweit einzigartiges städtebauliches Denkmal. Zwölf Straßen verlaufen sternförmig vom zentralen Marktplatz zu Hafen und ehemaligen Wallanlagen. Maritimes Flair vermittelt der Hafen mit seiner beschaulichen Häuserzeile, den Hafentreppen und der *Rigmor*, dem ältesten noch in Betrieb befindlichen Segelschiff Deutschlands.
Ein kleiner, unscheinbarer Hering hat es geschafft, sich einen Ehrenplatz in der Stadt zu erobern. Ihm zu Ehren gibt es sogar jedes Jahr Mitte Juni ein viertägiges Volksfest, das die bis Ende September andauernden „Glückstädter Matjeswochen" einläutet. „Original Glückstädter Matjes" darf sich der Hering allerdings nur nennen, wenn er

Touristinformation Glückstadt
Große Nübelstraße 31
25348 Glückstadt
T. 04124 937585
www.glueckstadt-tourismus.de

Glückstädter Matjeswochen
Am zweiten Donnerstag im Juni finden die „Glückstädter Matjeswochen" mit der traditionellen Matjesprobe und einer viertägigen Eröffnungsveranstaltung statt.

Ratskeller
Am Markt 4
25348 Glückstadt
T. 04124 9809065
www.ratskeller-in-glueckstadt.de
tgl. 11.30–21.30 Uhr
Mit original Glückstädter Matjesgerichten

Hotel-Restaurant Anno 1617
Am Markt 5/6
25348 Glückstadt
T. 04124 91690
www.anno1617.de

Plotz Spezialitäten
Schmiedestraße 3
25348 Glückstadt
T. 04124 932787
Besichtigung der Matjes-Produktion möglich

Raumann Matjes
Schmiedestraße 2
25348 Glückstadt
T. 04124 6038731

Zur alten Mühle
Am Hafen 54
25348 Glückstadt
T. 04124 1807
www.restaurant-zur-alten-muehle.de

Glückstadt ist überregional vor allem durch die traditionsreiche Matjesproduktion und die „Glückstädter Matjeswochen“ bekannt.

gewisse Voraussetzungen erfüllt: Beim Fang darf er nicht älter als fünf Jahre sein – die Garantie, dass auch wirklich zartes Fischfleisch auf dem Teller landet. Zwei Glückstädter Betriebe machen heute noch nach überlieferten Originalrezepten in reiner Handarbeit aus dem Hering „Matjes“: Der Fisch wird fachmännisch gekehlt und gesalzen. In Fässern reift er bis zur Ausbildung des ganz speziellen Geschmacks. Der Fast-schon-Matjes wird dann von geschickten Händen von Gräten und Haut befreit, und am Ende der langwierigen Prozedur liegen zwei schöne, saubere Matjesfilets vor den Käufern. Die kulinarische Spezialität darf in keinem Glückstädter Restaurant auf der Speisekarte fehlen.

Stadtrundgang

Glückstadts spannende Geschichte erleben Sie am besten bei einem Rundgang, der auf dem Markt beginnt. Dort findet seit 1624 an jedem Dienstag und Freitag der Glückstädter Buttermarkt (Wochenmarkt) statt. Das Rathaus wurde 1642/43 im Stil der niederländischen Spätrenaissance erbaut. Nach Abriss wegen Baufälligkeit erfolgte 1873/74 ein Neubau mit Nachbildung der ursprünglichen Fassade. Die evangelische Stadtkirche (1618–1623) war die erste in den Herzogtümern Schleswig und Holstein. An der linken Turmseite ist der Anker des Admiralitätsschiffs der hamburgischen Kriegsflotte zu sehen, der 1630 nach einem siegreichen Gefecht auf der Elbe erbeutet wurde.

Von dort geht es nach rechts in die Straße Am Fleth, wo sich früher der Binnenhafen befand, der die Stadt mit den Wasserläufen der Marsch und der Elbe verband. Hier finden sich Sehenswürdigkeiten aus der Gründungszeit wie die Stadtbäckerei seit 1631, das Brockdorff-Palais mit dem stadt- und regionalgeschichtlichen Detlefsen-Museum und die Königliche Buchdruckerei.

Nun geht es links in die Ballhausstraße, dann in die Königstraße

Der Glückstädter Marktplatz bildet das Zentrum der Stadt. Jeden Dienstag und Freitag verwandelt er sich in einen großen Wochenmarkt.

mit dem Gießhaus und dem Wasmer-Palais, ehemals Sitz des Obergerichts und der Regierungskanzlei, heute Volkshochschule. Der Kaminsaal ist einer der beachtlichsten barocken Innenräume des Landes. Das Provianthaus gehört ebenfalls zu den ältesten Gebäuden der Stadt. Heute laden hier Künstlerateliers zu einem Besuch ein.
Die Straße Am Hafen gilt als die bedeutendste Uferstraße Norddeutschlands. Sehenswerte Gebäude sind unter anderem das Palais für aktuelle Kunst, der Wiebeke-Kruse-Turm (nicht öffentlich zugänglich), den Christian IV. für seine Geliebte bauen ließ, das Königliche Brückenhaus und der Alte Salzspeicher. Auf der gegenüberliegenden Seite des Binnenhafens fällt der Blick auf das Rantzau-Palais.

Das Brückenhaus
Am Rethövel 8
25348 Glückstadt
T. 04124 6026472
www.brueckenhaus-glueckstadt.de
Mit Blick auf den Glückstädter Binnenhafen und hauseigener Terrasse direkt am Wasser

Palais für aktuelle Kunst
Am Hafen 46
25348 Glückstadt
T. 04124 604769
www.pak-glueckstadt.de
Wechselnde Ausstellungen

Detlefsen-Museum im Brockdorff-Palais
Am Fleth 43
25348 Glückstadt
T. 04124 930520
www.detlefsen-museum.de
Di–So 14–17 Uhr (Jan.–Feb. Do, Sa und So 14–17 Uhr)
Das Museum gehört zu den traditionsreichsten Museen Schleswig-Holsteins und vermittelt ein umfassendes Bild der Geschichte Glückstadts und der Region.

Anfahrt mit dem Auto
Über die A 23 Richtung Husum Ausfahrt 12 (Hohenfelde); links abbiegen Richtung Steinburg, der L 119 über Altendeich bis Glückstadt folgen

Anfahrt mit öffentlichen Verkehrsmitteln
Mit der Regionalbahn ab Hamburg direkt bis Glückstadt (stündlich)

Mit 3,54 Metern unter Normalnull befindet sich in der Wilstermarsch bei Neuendorf-Sachsenbande die tiefstgelegene begehbare Stelle Deutschlands.

Wo Deutschland am tiefsten ist

Die Wilstermarsch

Tiefer geht es nicht. Jedenfalls nicht ohne Spaten oder Bagger. Seit September 1988 hat es die Gemeinde Neuendorf-Sachsenbande schwarz auf weiß: Hier in der Wilstermarsch, die seit neun Jahrhunderten eingedeicht ist, befindet sich der tiefste Punkt Deutschlands. Exakt 3,539 Meter unter Normalnull. Fast der gesamte Ort und die Landschaft rundherum liegen unterhalb oder auf der Höhe des Meeresspiegels. Auf einem kleinen Holzschild direkt an der Landstraße 135 prangt die Aufschrift „Tiefste Landstelle“. Einige Besucher sollen diesen Ort mit den Worten „Was sind wir tief gesunken“ umschrieben haben. Links und rechts davon wehen die Fahnen Schleswig-Holsteins und Deutschlands. Wenige Meter daneben zeigt ein mehr als acht Meter hoher Pfahl die Sturmfluthöhen vergangener Jahrhunderte an. Hätte es während der schweren Sturmflut von 1976 die auf mehr als acht Meter erhöhten Deiche nicht gegeben, dann hätte hier das Wasser fast haushoch gestanden.

Die Wilstermarsch, eine Landschaft für Menschen, die zur Ruhe kommen möchten, hat aber noch viele weitere stille Attraktionen zu bieten als dieses Kuriosum: Es sind zunächst einmal der weite Blick über die Elbe, der Nord-Ostsee-Kanal mit seinen großen Pötten, die grüne Elbmarschlandschaft und die mächtigen Reetdachhöfe.

Stimmen Sie sich mit einer Bootsfahrt auf der Wilster Au (Info unter www.wilster.de) auf einen Tag im Land unter dem Meeresspiegel ein. Mit der *Aukieker* geht es ab Wilster auf dem Wasserweg nach Averfleth. Von dort fahren Sie mit der Kutsche oder auf den bereitstehenden Fahrrädern zur Tiefsten Landstelle Deutschlands. Anschließend stärken Sie sich im Landgasthaus & Hotel Zum Dückerstieg. Wieder in

Wahrzeichen der Wilstermarsch ist die historische Schöpfwindmühle in Honigfleth bei Wilster, die ehemals der Entwässerung diente. Früher existierten circa 350 solcher Mühlen in der Region. Jedes Jahr am Pfingstmontag findet der Deutsche Mühlentag statt, an dem sich die Schöpfwindmühle Honigfleth sowie die Rumflether Mühle Aurora der Öffentlichkeit im Rahmen eines bunten Programms präsentieren.

Wilster angekommen, beginnt Ihre Stadtführung am 1585 erbauten Alten Rathaus. Sehenswert sind das Hudmannsche Haus, das Alte und das Neue Rathaus, der Bürgermeistergarten, die Schwan Apotheke von 1660 sowie die St. Bartholomäuskirche, der „Kleine Michel" (der Baumeister der Kirche St.

Wilstermarsch Service GmbH
Kohlmarkt 49
25554 Wilster
T. 04823 9215950
www.wilstermarsch-service.de

Altes Rathaus Wilster
Op de Göten 8
25554 Wilster
T. 04823 9215950
www.rathausverein-wilster.de

Bürgermeistergarten
Rathausstraße 5a
25554 Wilster

Schwan Apotheke
Kohlmarkt 51
25554 Wilster
T. 04823 9980
www.schwan-apotheke.wilster.de

Landgasthaus & Hotel Zum Dückerstieg
Dückerstieg 7
25554 Neuendorf-Sachsenbande
T. 04823 92929
www.dueckerstieg.de

Erlebnisbauernhof Strüven
Oberstenwehr 4
25572 Bokhorst
T. 0174 1866231
www.erlebnisbauernhof-strueven.de
Unbedingt probieren: Strüvens Weidekäse

Rumflether Mühle
Rumflether Str. 15
25554 Wilster
T. 04823 8245
www.rumflether-muehle.de

Die Störfähre *Else* ist eine Seilfähre, die die Gemeinden Beidenfleth und Bahrenfleth verbindet.

Bartholomäus, Ernst Georg Sonnin, war auch am Bau des Hamburger Michel beteiligt, was unschwer zu erkennen ist).
Lohnenswert ist auch die Besichtigung der heute wieder voll funktionsfähigen Rumflether Mühle Aurora, die 1872 als Galerie-Holländer gebaut worden war. Sie ist noch heute mit zwei Mahlgängen, Haferquetsche, Windrose und Jalousieflügeln voll funktionsfähig. 1981 wurde die Mühle unter Denkmalschutz gestellt und kann nach Voranmeldung besichtigt werden.

Besonderer Tipp: Wewelsfleth und Beidenfleth

Literaturinteressierte können in Wewelsfleth das Alfred-Döblin-Haus besuchen, das Günter Grass 1970 kaufte. Dort entstanden einige seiner Werke und Zeichnungen. 1985 schenkte der Autor das Haus dem Land Berlin als Arbeitsstätte für Berliner Autoren.
Für Technikfreaks lohnt sich eine Besichtigung der Werft an der Stör.
Sehenswert ist auch die Trinitatiskirche von 1503.
Danach bietet es sich an, einen Abstecher die Stör hinauf zu unternehmen, die Sie in Beiden-

fleth auf einer historischen Fähre überqueren können, der Seilfähre *Else*, die als die letzte dieser Bauart in Schleswig-Holstein gilt.

Land-unter-Tour
Dauer: etwa fünf Stunden
Während dieser Fahrradtour erleben Sie die Highlights der Wilstermarsch.
Fahren Sie von Wilster aus los (Colloseumsplatz). Sie kommen dann an der Rumflether Mühle, einer historischen Kornmühle, vorbei. Die Route führt sie weiter zur Tiefsten Landstelle Deutschlands, der richtige Ort für eine Rast am dortigen Rastplatz. Anschließend fahren Sie durch die malerische Landschaft der Wilstermarsch zum Nord-Ostsee-Kanal, dem Sie bis nach Kudensee folgen. Von dort geht es durch die Marsch wieder zurück nach Wilster.
Sehenswürdigkeiten entlang der Strecke: historische Altstadt von Wilster, Rumflether Mühle, Tiefste Landstelle, Nord-Ostsee-Kanal (Infotafeln entlang der Strecke erklären immer wieder die Besonderheiten der Region).
Einkehrmöglichkeiten entlang der Strecke: gastronomisches Angebot in Wilster, Landgasthaus & Hotel Zum Dückerstieg.

Alfred-Döblin-Haus
Dorfstraße 3
25599 Wewelsfleth
T. 04829 1600

Trinitatiskirche
Schulstraße
25599 Wewelsfleth

Anfahrt mit dem Auto
Über die A 23 Richtung Husum Ausfahrt 9 (Itzehoe). Biegen Sie rechts ab auf die L 206 und am Kreisel links Richtung Wilster. Um zur Tiefsten Landstelle zu gelangen, biegen Sie in Wilster rechts ab auf den Klosterhof und folgen der Neue Burger Straße bis Neuendorf-Sachsenbande, circa 500 Meter dem Straßenverlauf folgend, erreichen Sie Ihr Ziel.

Anfahrt mit öffentlichen Verkehrsmitteln
Mit dem RE ab Altona in Richtung Sylt bis Itzehoe. Dort steigen Sie um in die Regionalbahn Richtung Heide bis Wilster.
Bis zur Tiefsten Landstelle sind es von Wilster circa sieben Kilometer, hier gibt es keine öffentlichen Verkehrsmittel.

Die *MS Dornbusch* in einer Schleuse des Nord-Ostsee-Kanals in Brunsbüttel

Mit dem Schiff rauf und runter

Die Schleusen in Brunsbüttel

Einen Ausflug an die meist befahrene künstliche Wasserstraße der Welt mit einer Besichtigung der Schleusenanlage verbinden: Von Brunsbüttel schlängelt sich die beeindruckende Wasserstraße über fast hundert Kilometer Richtung Kiel. Trotz seines Alters (2020 wird der 125. Kanalgeburtstag gefeiert) ist der Nord-Ostsee-Kanal, der Handelsschiffen, Luxuslinern und vielen Seglern den beschwerlichen Weg über den nördlichen Zipfel Dänemarks erspart, keineswegs in die Jahre gekommen.

Die Stadt, die an der Unterelbe und in der Nähe der Mündung des Stroms in die Nordsee liegt, hat natürlich mehr zu bieten als nur die Besichtigung der Schleusenkammern des Nord-Ostsee-Kanals. Daher suchen Sie sich zunächst einen der in Brunsbüttel kostenlosen (!) Parkplätze. Ein Stadtrundgang ist bekanntlich die beste Form, um sich ein Bild zu machen.

Wir beginnen unsere Tour am historischen Ortskern. Rund um die beeindruckende Jakobuskirche stehen wunderschöne Fachwerkhäuser, hierzu gehören auch das Heimatmuseum und

Das älteste Gebäude der Stadt: die Jakobuskirche

das Matthias-Boie-Haus (1779), das als eines der schönsten Fachwerkhäuser in Dithmarschen gilt. Besonders die Koogstraße nahe den Schleusen lädt zum Bummeln ein. Hier befinden sich diverse kleine und große Geschäfte.
Brunsbüttel-Ort wurde ab Mitte des 17. Jahrhunderts komplett neu erbaut, weil das ursprüngliche Dorf aus dem 13. Jahrhundert aufgrund einer gewaltigen Elbeflut aufgegeben werden musste. Ab 1678 wurde die Jakobuskirche errichtet, die das älteste Gebäude der Stadt ist. Etwa ein Dutzend Häuser stehen heute unter Einzeldenkmalschutz.
Die Brunsbütteler Gästeführer bieten auch Führungen für Gruppen durch das sogenannte Beamtenviertel an, das in dieser Form in Schleswig-Holstein und im norddeutschen Raum einzig-

Tourist-Info Brunsbüttel
Gustav-Meyer-Platz 2
25541 Brunsbüttel
T. 04852 391186
www.schleusenmeile.de

Atrium – Museum an der Schleuse
Gustav-Meyer-Platz
25541 Brunsbüttel
T. 04852 885213
www.schleuseninfo.de
Das Atrium, das Museum an der Schleuse, liegt direkt am Nord-Ostsee-Kanal. Hier finden Sie Schautafeln, Schiffsmodelle, Landschafts- und Funktionsmodelle, technische Objekte, Videofilme sowie historische Exponate rund um den Nord-Ostsee-Kanal und die Schleusen.

Spieldeck
Im Jahr 2010 wurde ein maritimer Erlebnisspielplatz an der Promenade der Schleusenmeile Brunsbüttel eröffnet. Hier können sich die kleinen Klabautermänner so richtig austoben. Die Eltern können derweil nebenan einen Kaffee trinken, natürlich mit Blick auf den Spielplatz.

Minigolf
Auf einer der schönsten Minigolfanlagen im Norden kann die gesamte Familie ihre Schlagkraft beweisen. Unmittelbar neben dem Freizeitbad LUV liegt die gepflegte Anlage mit 18 Bahnen.
www.mgc-brunsbuettel.de

artig ist. Es handelt sich um eine nach der Gartenstadt-Idee angelegte Siedlung für Kanal-Beamte und -Lotsen, die im Zusammenhang mit der Kanalerweiterung und Anlage der beiden „Großen" Schleusen 1907 bis 1915 neu gebaut wurde. Die Siedlung entstand nur 500 Meter vom Kanal entfernt, rund um die schöne Pauluskirche.

Von den Leuchtfeuern der Mole I und IV haben Sie einen herrlichen Ausblick auf das gegenüberliegende Ufer der hier schon sehr breiten Elbe. So beeindruckend, wie der Strom sich darbietet, so klein wirken die riesigen Frachter, Container oder Kreuzfahrtschiffe, die in Richtung Hamburg oder Nordsee unterwegs sind oder die sich den Schleusen nähern.

Zwei Kanalfähren, die im Zehn-Minuten-Takt verkehren, bringen Sie jeweils auf die andere Seite des Kanals. Die wenige Minuten dauernde Fahrt bietet einen wasserseitigen Blick auf den Nord-Ostsee-Kanal und die Schleusenanlage.

An der Hafenpromenade, an der man auch sehr gut parken kann, befindet sich die Tourist-Information. Von hier gelangt man über Treppen zu den Aussichts-

Fähren über den Nord-Ostsee-Kanal in Brunsbüttel

plattformen. Auf zahlreichen Schautafeln erhält man Informationen zum Kanal und zu den Schleusen. Von den zwei Aussichtsplattformen (an jedem Schleusenende eine) hat man einen sehr schönen Blick auf die Schleusen und auf das, was sich dort tut. Besonders beliebt sind bei den Technikfreaks Schleusenführungen, die mehrmals wöchentlich von März bis Oktober angeboten werden.

Die beiden großen Schleusenkammern, die ein- und auslaufende Schiffe um etwa 14 Meter auf das Niveau des Kanals heben oder auf das der Elbe senken, sind über einhundert Jahre alt und zunehmend reparaturanfällig. Um erhebliche Einschränkungen für die Schifffahrt zu vermeiden, ist eine fünfte Schleusenkammer im Bau, die

Luftaufnahme von Brunsbüttel: im Vordergrund die Schleusenanlagen

allerdings technisch eine große Herausforderung darstellt. Da es bei der Realisierung zu erheblichen Verzögerungen gekommen ist, steht noch nicht fest, wann das 330 Meter lange Bauwerk in Betrieb genommen werden kann.

Das Schleuseninformationszentrum SIZ
Im neu gebauten SchleusenInfo-Zentrum – kurz SIZ – können Sie alles über das aktuell größte Wasserbauprojekt in Europa erfahren. Das SIZ hat allerdings keine regulären Öffnungszeiten, es kann ausschließlich im Rahmen der offenen oder einer privaten Schleusenführung besichtigt oder für Veranstaltungen gemietet werden. Buchungen und Informationen unter: www.schleuseninfo.de

Restaurant „Zum Yachthafen“
Schleusenstraße 17
25541 Brunsbüttel
T. 04852 2306
www.zumyachthafen.de
Urig und direkt an der Schleusenanlage gelegen (Das Restaurant ist zurzeit geschlossen und wird voraussichtlich erst im Sommer 2019 wieder geöffnet).

Op'n Diek
Op'n Diek 3
25724 Neufeld
T. 04851 1840
www.restaurant-opndiek.de
Etwas außerhalb mit Blick auf die Elbe und den Neufelder Hafen, mit Terrasse

Café Katchen
Soesmenhuesen 20
25541 Brunsbüttel
T. 04852 8361360
www.cafe-katchen.de
Direkt am Elbdeich in einer Reetdach-Kate. Für Konzertveranstaltungen/Lesungen siehe Homepage

Anfahrt mit dem Auto
Über die A 23 bis Ausfahrt 9 (Itzehoe), von dort folgen Sie der B 5 bis Brunsbüttel.

Anfahrt mit öffentlichen Verkehrsmitteln
Mit dem RE bis Itzehoe, danach mit dem Schnellbus Linie 6600 bis Brunsbüttel (verkehrt stündlich)

Weltnaturerbe, Vögel, Heuler

Friedrichskoog

„Man sieht schon am Montag, wer am Sonntag zu Besuch kommt.“ Das ist kein Witz in Friedrichskoog, denn das Land ist so weit und platt – platter geht's nicht. Da schlagen nicht nur Radfahrerherzen höher. Eingebettet zwischen Kohl-, Rapsfeldern und der Nordsee und begleitet vom Kreischen der Möwen kann man hier wirklich Urlaub vom Alltag machen. Dabei weht immer eine leichte frische Brise, die vor allem im Herbst und Frühjahr auch mal in Sturm und Orkan umschlagen kann.

Neben dem malerischen Friedrichskoog gibt es den über die Koogstraße verbundenen nicht minder attraktiven Ortsteil Friedrichskoog-Spitze mit seinem grünen Strand.

In Spitze erleben Naturliebhaber die Nordsee und das Wattenmeer in ihrer Ursprünglichkeit. Hier kann man auf Entdeckungsreise auf dem Nordseegrund gehen und im Wattenmeer nach Muscheln stöbern. Oder das Gesundheits- und Therapiezentrum (GTZ), das genau in der Mitte zwischen Friedrichskoog und Spitze liegt, aufsuchen.

In der Seehundstation Friedrichskoog können Sie aus nächster Nähe Kegelrobben und Seehunde live erleben.

Die 1985 gegründete Seehundstation Friedrichskoog am Hafen ist die einzige autorisierte Aufnahmestelle für verlassen oder erkrankt aufgefundene Robben in Schleswig-Holstein. Sie setzt neue Maßstäbe in der naturnahen Dauerhaltung und Aufzucht von Seehunden. Hier lassen sich ganzjährig Seehunde und Kegelrobben in den naturnah angelegten Becken an Land und unter Wasser beobachten, man kann bei Fütterungen zuschauen, interessante Vorträge hören und die beiden Informationsbereiche „Robben der Welt“ und „Seehunde“ mit vielfältigen multimedialen Erlebnis- und Spielangeboten, speziell für Kinder und Jugendliche, besuchen.

Bei Schietwedder

125 Meter lang und zwei Etagen hoch ist das „Meerestier", das am Friedrichkooger Hafen liegt: Der Indoor-Spielpark „Wal" lässt Kinderaugen strahlen und begeistert die ganze Familie. Zu den wetterunabhängigen Angeboten gehören die Nemo-Kletterwand, ein Labyrinth mit vielen Rutschen, Brücken und Seilen, die sechsfache Trampolinanlage für Groß und Klein, verschiedene Hüpfburgen, eine Elektro-Kart-Bahn, ein Multifunktionssportfeld und ein Kleinkinder-Spielbereich. Eltern dürfen mitspielen und -toben, haben aber auch die Möglichkeit, bei einer schönen Tasse Kaffee in Ruhe die Zeitung zu lesen. Das Wal-Bistro sorgt für die nötige Stärkung.

Tipp

Wanderung auf dem 2,2 Kilometer langen Trischendamm, der bei normalem Hochwasser nicht überspült wird. Entlang des Dammes befinden sich Informationstafeln über das Wattenmeer, die jedoch im Winter abgebaut werden.

Tourismus-Service Friedrichskoog
Koogstraße 141 (Deichpassage)
25718 Friedrichskoog-Spitze
T. 04854 219010
www.friedrichskoog.de

Seehundstation Friedrichskoog e.V.
An der Seeschleuse 4
25718 Friedrichskoog
T. 04854 1372
www.seehundstation-friedrichskoog.de
Fütterung: April–Okt. tgl. 10.30, 14, 17.30 Uhr, Nov.–März tgl. 10.30, 14 Uhr

Wal Willi Indoorspielpark
Am Hafen 10
25718 Friedrichskoog
T. 04854 904660
www.wal-friedrichskoog.de

DeichRestaurant und Café „Zur Spitze"
Koogstraße 140
25718 Friedrichskoog
T. 04854 1262
www.deichrestaurant-zur-spitze.de

Urthel Krabben & Fischdelikatessen
Hafenstraße 71
25718 Friedrichskoog
T. 04854 291
www.urthel.de

Anfahrt mit dem Auto
Über die A 23 bis Ausfahrt 9 (Itzehoe), der B 5 bis Marne folgen, links abbiegen auf den Voigtsweg und am Kreisel links auf Friedrichsköger Straße

Anfahrt mit öffentlichen Verkehrsmitteln
Mit dem RE bis Itzehoe, danach RE 6 bis St. Michaelisdonn, Taxi

Das aus dem 17. Jahrhundert stammende Backsteingebäude ist das Torhaus des einstigen Schlosses Bad Bramstedt.

Mehr als Reha und Rudern – Kleinstadt im Grünen

Bad Bramstedt

Nur eine gute halbe Autostunde von Hamburg entfernt liegt die auch überregional als Gesundheitsstandort bekannte Kur- und Rolandstadt Bad Bramstedt, eingebettet in das idyllische Holsteiner Auenland, das weit mehr zu bieten hat als tausend Rehabetten. Ein Ausflug in die charmante Auenstadt lohnt sich für alle, die Natur genießen, den Stress des Alltags hinter sich lassen oder einfach einen schönen, erlebnisreichen und erholsamen Tag im kleinen „Venedig des echten Nordens" verbringen wollen. Für Autofahrer stehen im Stadtgebiet rund 700 kostenfreie Parkplätze zur Verfügung.

Wir beginnen mit einer Stadtführung oder einem Rundgang durch den zwischen dem 3. und 6. Jahrhundert erwähnten Ort. Dabei gibt es viel Wissenswertes über die Stadt und ihre Tradition als Kurort im Herzen des Holsteiner Auenlandes zu erfahren. Der Ursprung geht auf den heutigen Gesundbrunnen zurück, jenem Ort, an dem 1681 eine Heilquelle entdeckt wurde. Das backsteinerne Torhaus des Schlosses Bad Bramstedt ist das

Im Zeichen des 1693 errichteten steinernen Rolands wurden Märkte abgehalten, Verträge bekräftigt und Streitigkeiten geschlichtet.

letzte vorhandene Gebäude der ehemaligen Schlossanlage, das seit der Zerstörung des einstigen Schlosses liebevoll als „Schloss Bad Bramstedt" bezeichnet wird. Es wurde um 1647 im Stil der späten Nordischen Renaissance errichtet. Im Inneren befinden sich neben verschiedenen Relikten der Vergangenheit auch das aufwendig restaurierte Graf-Stolberg-Zimmer, das städtische Trauzimmer im historischen Ambiente sowie zahlreiche Stuckaturen. Das Gebäude dient heute vielfältigen kulturellen und poli-

Tourismusbüro Bad Bramstedt
Bleeck 17–19
24576 Bad Bramstedt
T. 04192 50627
www.bad-bramstedt.de

Glücksmarie
Birkenweg 23
24576 Bad Bramstedt
T. 04192 8934962
www.gluecksmarie-bb.de
Café, Cocktailbar, Restaurant im Kurgebiet

Schönes Restaurant
Bleeck 2
24576 Bad Bramstedt
T.04192 2015927
Restaurant, Café & Eis. Im Stadtzentrum, am Roland. Familienbetrieb

Anfahrt mit dem Auto
Über die A 7 bis Ausfahrt 17 (Bad Bramstedt), weiter auf der B 206

Mit öffentlichen Verkehrsmitteln
Entweder mit dem RE bis Wrist (im Stundentakt), danach mit dem Bus (im Stundentakt) bis Bad Bramstedt oder mit der AKN-Linie 1 ab HH-Eidelstedt in Richtung Neumünster (stündlich) nach Bad Bramstedt

tischen Zwecken. Die weithin sichtbare Roland-Statue von 1693 am Bleeck, dem Zentrum der Stadt, steht als Symbol für Marktgerechtigkeit. Nördlich davon befindet sich die Maria-Magdalenen-Kirche aus dem 14. Jahrhundert, in dessen historischen Altarraum sich ein auf drei Trägerfiguren ruhendes Bronzetaufbecken befindet.
Nach der Besichtigung der schönen Altstadt machen wir eine kleine Pause in einem der vielen gastronomischen Betriebe, die die Kurstadt anzubieten hat.
Unter dem Motto Bewegung & Balance können Sie in der reizvollen Bad Bramstedt umgebenden Auenlandschaft Rad fahren, Kanu wandern oder gemütlich spazierengehen. Sechs Auen fließen durch das Stadtgebiet: Ohlau, Hudau, Bramau, Schmalfelder Au, Holmau und Osterau.
Wir wandern entlang der Hudau ins Kurviertel. Eine Besonderheit des Moorheilbades ist das Moorbewegungsbad, das auch von Nicht-Kurgästen genutzt werden kann. In einem großen Becken sitzt man mit dem ganzen Körper bis zum Hals im Moor.
Unser Weg führt an der Kneippanlage und dem dazugehörigen „Garten der Sinne“ vorbei. Hier sollten Sie sich Zeit nehmen, denn die verschiedenen Themenbereiche laden zum Verweilen ein. Weiter geht's entlang der Hudau durch die Kuranlagen zum Kurhaus, das mitten im Wald liegt. Das Kurgebiet verfügt übrigens über eine direkte Bahnverbindung!
Da sich die Hudau im Ort mit der Osterau, einem der wenigen Wildflüsse in Schleswig-Holstein, zur Bramau vereinigt, gilt die Kurstadt auch als Paddlerparadies. Vor allem für Anfänger ist die Bramau ein ideales Übungsrevier.

Den Mittelpunkt der Stadt bildet die auf einer Anhöhe gelegene, aus dem 14. Jahrhundert stammende Maria-Magdalenen-Kirche.

Kanuanlegestelle an der Hudau

Im „Garten der Sinne“ lassen sich Düfte von frischen Kräutern einfangen.

Ein gut ausgeschildertes Netz von Radrouten in und um Bad Bramstedt lässt Sie die herrliche Auenlandschaft erleben. Kostenlos geführte Wanderungen und Radtouren werden regelmäßig von Bad Bramstedt aus angeboten.
Auch ein abwechslungsreiches Kanurevier, das zu ausgedehnten Wasserwanderungen einlädt, finden Sie in der Region.
Mehr Infos (Angebote und Arrangements) unter:
www.bad-bramstedt.de

Tipps
In den Sommermonaten, von Mai bis September, kommen Klein und Groß im wunderschön gelegenen Warmwasser-Freibad Roland Oase auf ihre Kosten.

Roland Oase
Warmwasser-Freibad
Am Badesteig 5
24576 Bad Bramstedt
T. 04192 1608
www.roland-oase.de

Heil- und Wildkräutertour
Der sinnlich-besinnliche Kräuterspaziergang vom Roland bis zum „Garten der Sinne“ dauert etwa zwei Stunden und ist ein besonderes Gesundheits- und Naturerlebnis.
Wer möchte, kann sich anschließend im Wassertretbecken erfrischen oder ein kühlendes Armbad genießen.
Mehr Infos unter:
www.bad-bramstedt.de

Im 380 Quadratkilometer großen Naturpark Aukrug im Zentrum von Schleswig-Holstein treten zwei Landschaftstypen auf: die flache und rein lehmige Grundmoränenlandschaft (Foto: das Bünzautal) und die wesentlich stärker gegliederte Stauchendmoränenlandschaft.

Das grüne Herz Schleswig-Holsteins

Naturpark Aukrug

Rund um die Gemeinde Aukrug erstreckt sich der 380 Quadratkilometer große Naturpark Aukrug. Hier hat sich bis heute eine einzigarte Umgebung von besonderer Eigenart und Schönheit erhalten. Mit seiner eiszeitlich geprägten Landschaft bietet er ein besonders abwechslungsreiches Bild aus sanften Hügeln, weiten Talräumen und naturnahen Wäldern mit typischen Quellen und Fließgewässern, die immer wieder freie Blicke über das Land ermöglichen.

Entstanden ist die Landschaft des Naturparks bereits vor 130 000 Jahren in der vorletzten Eiszeit und ist damit wesentlich älter als die der anderen Naturparks Schleswig-Holsteins.

Die vielen Auen, die die reizvolle mittelholsteinische Region durchziehen, sind namensstiftend. „Krug“ leitet sich jedoch nicht aus der Gastwirtschaft ab, sondern bedeutet, dass die Bäche in natürlichen Windungen verlaufen.

Für Aktive sind viele Rundwanderwege von zwei bis neun Kilometern Länge ausgewiesen, die

sich teilweise untereinander gut verbinden lassen, sodass geübte Wanderer auch längere Touren unternehmen können. Im „Hennstedter Holz“, etwas weiter südlich von Aukrug, sind einige Wanderwege farbig markiert, die dazugehörige Übersichtskarte ist am ausgewiesenen Parkplatz an der L 121 zu finden.
Ein ganz besonderer Tipp ist die Smartphone-App des Naturpark Aukrug e.V.: „Aukruger WEG“, das heißt Wandern, Entdecken und Genießen im Naturpark. Mit dieser App verfügen Sie nicht nur über zehn attraktive Routen im gesamten Gebiet des Naturparks, sondern bekommen auch viele interessante Informationen, die auf den Routen automatisch an den jeweiligen Stellen angezeigt werden. Außerdem werden Sie mit Infos versorgt wie Einkehrmöglichkeiten im Umkreis oder Veranstaltungshinweisen.
Für Nicht-Handy-Benutzer: Die Wanderkarte „Naturpark Aukrug” erhalten Sie für zwei Euro bei der Tourismusinformation.
Für Kinder gibt es spezielle Routen, auf denen das Wissen und die Beobachtungsgabe gefordert werden. Die zwei Kinderrouten befinden sich auf dem Waldlehrpfad Boxberg und dem Wald-

Tourismusverein Naturpark Aukrug
Bünzer Str. 9
24613 Aukrug
T. 04873 973330
www.tourismusverein-naturpark-aukrug.de

Naturpark Aukrug
Bargfelder Str. 10
24613 Aukrug
T. 04873 8714661
www.naturpark-aukrug.com

Alte Kaffeewirtschaft
Hauptstraße 39
24613 Aukrug-Innien
T. 04873 890
www.alte-kaffeewirtschaft-aukrug.de
Mi–So 13–18 Uhr
Hausgemachte Torten, so weit das Auge reicht

Kulturwerkstatt Aukrug
Bargfelder Str. 2
24613 Aukrug
T. 04873 424
www.kw-aukrug.de

Café-Restaurant Am Boxberg
Am Boxberg
24613 Aukrug
T. 04873 625
www.am-boxberg.de

Der Boxberg wurde während der Saale-Kaltzeit von Gletschern aufgeschoben. Der einst mit Buchen bewaldete Berg wurde vor Beginn des 20. Jahrhunderts fast vollständig abgeholzt. Danach war das Gebiet vorwiegend mit Besenheide bewachsen.

erlebnispfad Störkathener Heide. Der Boxberg inmitten des Naturparks Aukrug ist eine der wenigen Moränenkuppen im mittleren Holstein und mit 77,5 Metern die höchste Erhebung der Gegend. Sein Name leitet sich ab von der ursprünglichen Bewaldung mit Buchen. Von der Spitze aus haben Sie eine einmalige Aussicht auf die waldreiche Landschaft und es erwarten Sie mehrere Wanderrouten mit verschiedenen Schwierigkeitsgraden sowie unterschiedlicher Länge.

Einen Abstecher lohnt auch der Altenjahner Kräutergarten. Der 10 000 Quadratmeter große Kräutergarten in Grauel besteht aus mehreren Themengärten wie dem Apothekergarten, Duftgarten, Rosengarten, Bauerngarten, Zaubergarten, Zitronengarten oder Rittergarten. Tauchen Sie ein in die blumige Mischung aus Gemüse, Kräutern, Stauden und Rosen sowie Getreidearten und nehmen Sie teil an einer der angebotenen Kräuter-Führungen.

„Dat ole Hus“ in Aukrug-Bünzen: In diesem privaten Heimatmuseum wird die bäuerliche Wohnkultur der Region ausgestellt.

Zeitreise in „Dat ole Hus“

Die 1804 errichtete Fachwerkkate beinhaltet ein kleines Heimatmuseum, das einen anschaulichen Eindruck bäuerlicher Wohnkultur der Region aus dem 18. bis ins frühe 20. Jahrhundert vermittelt. In einem Stall, einer Remise und im Bienenstand sind Haushalts- und Arbeitsgeräte der vergangenen drei Jahrhunderte ausgestellt. Im Rahmen von Führungen können die Innenräume besichtigt werden. Hier wird der Gast förmlich in ein längst vergangenes Jahrhundert hineingezogen.

Kräutergarten Altenjahn
Altenjahn 4
24594 Grauel
T. 04871 8103

Heimatmuseum „Dat ole Hus“
Dat ole Hus 1
24613 Aukrug-Bünzen
T. 04873 603
www.dat-ole-hus.de
Sa–So 14–18 Uhr

„Dat ole Hus“ – Café
Dat ole Hus 1
24613 Aukrug-Bünzen
T. 04873 603
www.dat-ole-hus.de
Sa–So 14–18 Uhr
Geheimtipp: auf alten Holzöfen zubereitete heiße Waffeln mit Kirschgrütze

Anfahrt mit dem Auto
Über die A 7 Richtung Flensburg, Ausfahrt 14 (Neumünster Süd). Biegen Sie links ab auf die B 430, bis Sie rechts nach Aukrug-Bünzen abfahren können.

Anfahrt mit öffentlichen Verkehrsmitteln
Mit dem RE ab Hauptbahnhof in Richtung Kiel bis Neumünster, von da weiter mit der Regionalbahn in Richtung Büsum nach Aukrug

Im Stadtzentrum von Bad Segeberg steht die Marienkirche, eine dreischiffige Backsteinbasilika im romanischen Stil.

Im Reich der Fledermäuse

Bad Segeberg mit dem Kalkberg

Als staatlich anerkannnter Luftkurort und umgeben von einer hügeligen Wald-, Knick- und Seenlandschaft kann Bad Segeberg auf eine über 875 Jahre alte wechselvolle Stadtgeschichte zurückblicken. 1134 ließ Kaiser Lothar III. auf der Spitze des Kalkbergs die „Siegesburg" errichten. Am Fuß des Berges entstanden ein Kloster und die ab 1156 errichtete Marienkirche, eines der bedeutendsten romanischen Bauwerke in Norddeutschland. Bei der dreischiffigen Backsteinbasilika handelt es sich um den ersten Bau überhaupt, in dem das Gewölbe aus Backstein geschaffen wurde. Besonders sehenswert ist der Schnitzaltar aus dem 16. Jahrhundert.

Das älteste erhaltene Wohngebäude Bad Segebergs ist das Alt-Segeberger Bürgerhaus von 1541. Das Fachwerkgiebelhaus beherbergt heute ein interessantes Museum. Die 1852 gegründete Wollspinnerei Blunck ist ein Zeitzeugnis aus den Anfängen der Industrialisierung.

Für Kunstinteressiere sei die Kunsthalle Otto Flath empfohlen. Der Holzbildhauer und Maler Otto Flath (1906–1987) schuf in Bad Segeberg beeindruckende Werke, von denen Teile besichtigt werden können.
Das ganze Jahr über präsentiert Bad Segeberg ein buntes Kulturangebot. Im Sommer wird das Leben der Stadt von Konzerten, Kunstausstellungen, Kindertheater und vielem mehr geprägt.
Wahrzeichen der knapp 18 000-Einwohner-Stadt ist aber ein einzigartiges Naturdenkmal: der 91 Meter hohe Kalkberg, von dem Sie einen herrlichen Rundblick über die Stadt und das Umland haben. Hier finden in einem der schönsten Freilichttheater Europas seit 1952 alljährlich im Sommer die berühmten Karl-May-Spiele statt. Die Vorstellungen sind von Ende Juni bis Anfang September jeweils donnerstags, freitags, samstags um 15 und um 20 Uhr, sowie sonntags um 15 Uhr. 2018 wurde ein Rekord von über 388 000 Besuchern aufgestellt. Bis zu 7500 Zuschauer pro Vorstellung sind dem Wilden Westen mit den Abenteuern von Indianern und Cowboys ganz nah. Winnetou und seine Freunde und Feinde

Segeberg Tourist-Information
Bad Oldesloer Str. 20
23795 Bad Segeberg
T. 04551 96490
www.museum-badsegeberg.de

Museum Alt-Segeberger Bürgerhaus
Lübecker Straße 15
23795 Bad Segeberg
T. 04551 964204
www.museum-badsegeberg.de
April–Okt. Mi–So 12–17 Uhr, in den Wintermonaten: Führungen auf Anfrage

Städtische Kunsthalle Otto Flath
Bismarckallee 5
23795 Bad Segeberg
T. 04551 879900
www.otto-flath.de
April–Okt. Sa–So 15–18 Uhr

Kalkberg GmbH Bad Segeberg
Karl-May-Platz
23795 Bad Segeberg
Tickets/Infos: T. 01805 952111
www.karl-may-spiele.de
Indian Village geöffnet während der Karl-May-Spiele (Ende Juni–Anfang Sept.)

„Nebraska-Haus"
Karl-May-Platz
23795 Bad Segeberg
T. 04551 95210
www.bad-segeberg.de
In der Ausstellung „Die Welt der Indianer" erwarten den Besucher besonders wertvolle Original-Exponate in der wohl einzigen deutschen Dauerausstellung zur Geschichte der Indianer Nordamerikas. Geöffnet nur während der Karl-May-Spiele.

Seit 1952 finden im Kalkbergstadion von Bad Segeberg die Karl-May-Spiele statt.

begeistern mit Actionszenen, aufregenden Stunts, Romantik und Humor.
Im Indian Village, gleich neben dem Freilichttheater, gibt eine authentische Westernstadt mit dem Nebraskahaus zur Ausstellung „Die Welt der Indianer" interessante Einblicke.
Unter dem Kalkberg befinden sich die Kalkberghöhlen mit ihren bizarren Felsformationen. Acht verschiedene Fledermausarten verwandeln die einzige Schauhöhle Schleswig-Holsteins zu einer wahren Schatzkammer der Natur. Entdecken Sie auf einem geführten Rundgang das größte natürliche Winterquartier in Nord- und Mitteleuropa für mehr als 30 000 Fledermäuse. Besuchen Sie außerdem Europas einzige Erlebnisausstellung über diese Nachtjäger: Noctalis. Die 2006 eröffnete informative „Welt der Fledermäuse" präsentiert auf vier Etagen in spannenden Inszenierungen die Vielfalt, Schönheit und Eigenart der Tiere.

Der Große Segeberger See ist Freizeit- und Anglerparadies. Im Stadtbereich gibt es ein Strandbad, eine Kurpromenade und einen Bootsverleih.

Wenn es Sie nach so viel „Unterwelt“ noch mal an die frische Luft zieht, begeben Sie sich am besten auf eine Wanderung um den Großen Segeberger See, der als Freizeit-und Anglerparadies gilt. Start der schönen, 7,5 Kilometer langen Strecke direkt am Wasser entlang ist die Backofenwiese am südlichen Rand des Sees über die neugestaltete Seepromenade mit Sitzmöglichkeiten in ruhiger Atmosphäre.

Noctalis (mit Kalkberghöhle)
Oberbergstraße 27
23795 Bad Segeberg
T. 04551 80820
Öffnungszeiten siehe:
www.noctalis.de
Höhle von April–Sept. geöffnet, geführter Rundgang circa 35 Minuten

Goldmarie am See
Große Seestraße 18
23795 Bad Segeberg
T. 04551 9084457
www.goldmarieamsee.de
Café in bester Seelage

Mora Mora
Am Kalkberg 30
23795 Bad Segeberg
T. 04551 944417
www.mora-mora.de
Mo–So ab 17 Uhr, während der Festspiele ab 12 Uhr
Direkt am Kalkberg mit Terrasse und gutem Ausblick auf die Stadt

Anfahrt mit dem Auto
Über die A 1 Richtung Lübeck, auf die A 21 wechseln bis Ausfahrt 12 (Bad Segeberg Nord); dort rechts auf die B 206 nach Bad Segeberg; am Bahnhof links abbiegen auf die Bahnhofstraße, dann rechts auf die Oldesloer Straße und wieder links auf Am Kalkberg

Anfahrt mit öffentlichen Verkehrsmitteln
Mit dem RE ab Hauptbahnhof in Richtung Lübeck bis Bad Oldesloe, von da weiter mit der Regionalbahn in Richtung Neumünster nach Bad Segeberg. Vom Bahnhof sind es etwa zehn Minuten zu Fuß bis zum Kalkberg.

Heimische Tiere in natürlicher Umgebung werden im Wildpark Eekholt gezeigt – wie dieser Fuchs.

Heimischen Tieren auf der Spur

Wildpark Eekholt

Am Nordrand des Segeberger Forstes zwischen Bad Bramstedt und Bad Segeberg, eingebettet in die reizvolle Landschaft der Osterau, liegt die Naturerlebnisstätte Wildpark Eekholt. Hier können nicht nur Familien auf Entdeckungsjagd gehen. Das Programm bietet vielfältige Möglichkeiten, die heimische Flora und Fauna kennenzulernen. Seit über vierzig Jahren privat geführt, zählt er zu den schönsten Wildparks des Landes. Auf einer Fläche von 67 Hektar lassen sich über 700 einheimische Tiere aus hundert Arten in ihrer natürlichen Umgebung beobachten.

Unter dem Thema „Landschaft im Wandel der Zeit – Wechselbeziehungen zwischen Mensch und Natur am Beispiel Moor und Heide“ werden die Besucher über Entwicklungsprozesse informiert, die in den vergangenen Jahrzehnten zu einschneidenden ökologischen Veränderungen und einem gravierenden Wandel in der Landschaft ge-

führt haben. Das große Ziel ist dabei, Kindern, Jugendlichen und Erwachsenen die Schönheit und Vielfalt der Natur näherzubringen und sie so nachhaltig für die Umwelt zu sensibilisieren.
Auf die Kleinen wartet außerdem ein großer Spielplatz mit Streichelgehege, Kletterwand, Tauschaukel, Rutschen, Hüpfkissen und Trampolinen. Auch auf der Wanderung durch den Park gibt es immer wieder Gelegenheit, Spielstationen zu entdecken, bei denen man seine Fähigkeiten im Balancieren, Klettern und Hüpfen mit denen der Tiere messen kann.
Von März bis Ende Oktober präsentiert ein ausgebildetes Falknerteam Flugvorführungen mit Eulen und Greifvögeln – ein besonderes Erlebnis, das Sie sich nicht entgehen lassen sollten. Für interessierte Besucher besteht zudem die Möglichkeit, nach Terminabsprache einen „Tag mit dem Falkner" zu verbringen, an dem Einblicke in die Arbeit auf der Flugwiese und viele interessante Informationen zur Falknerei und den Greifvögeln und Eulen vermittelt werden.

Naturerlebnisstätte Wildpark Eekholt
Eekholt 1
24623 Großenaspe
T. 04327 99230
www.wildpark-eekholt.de

Kiek Ut Stuben
im Wildpark Eekholt
Stellbrooker Weg
24623 Großenaspe
T. 04327 887

Hofcafé und Hofladen Hof Weide
Weide 7
24576 Bimöhlen
T. 04327 14190
www.weide-hardebek.de

Anfahrt mit dem Auto
Über die A 7 Richtung Flensburg, Ausfahrt 17 (Bad Bramstedt), dann links abbiegen auf die B 206 Richtung Bad Segeberg; hinter dem Flugplatz Hartenholm links abbiegen und der Straße folgen, bis Sie Hof Weide erreichen, dort rechts bis zum Wildpark Eekholt

Anfahrt mit öffentlichen Verkehrsmitteln
Mit dem RE ab Hauptbahnhof Richtung Kiel bis Wrist. Dort steigen Sie in den Bus 7500 bis Bad Bramstedt. Nehmen Sie dann die Buslinie 7504 bis Bimöhlen/Hof Weide. Von dort sind es noch circa 15 Minuten Fußweg.

Weiter Blick über das Himmelmoor bei Quickborn in Richtung Westen. Im Vordergrund eine wiederbewässerte ältere Abbaufläche, am Horizont die aktuelle Abbaufläche.

Zwischen Himmel und Erde

Das Himmelmoor

Woher hat dieses Moor nur seinen spektakulären Namen? Mit rund 605 Hektar war das Himmelmoor in der Nähe von Quickborn und den angrenzenden Gemeinden des Kreises Pinneberg eines der größten Hochmoore in Schleswig-Holstein. Eigentlich sollte der Torfabbau laut eines Vertrages aus dem Jahr 1919 solange fortgeführt werden, bis das Moor verschwunden sei. Also Anno dunnemal.

Glücklicherweise ist aber inzwischen mit der Renaturierung des Moores begonnen worden. Seit 2018 gehört auch der Abbau von Torf endgültig der Vergangenheit an. Die Flächen im Nordteil des Moores sind inzwischen bereits wieder vernässt.

Auf mehreren Wanderwegen kann man sich über das Moor informieren. Ein Wanderweg entlang der Spuren der Torfbahn bietet spektakuläre Aussichten, und auch für Pferd und Reiter führt ein Weg rund um das Moor. Seit 2017 gibt es außerdem einen Moorlehrpfad. Darüber hinaus organisiert der Förderverein mit der Torfbahn an mehreren Terminen im Jahr Exkursionen.

Mit ein wenig Geduld und einem guten Fernglas können hier Vogelarten gesichtet werden, die im sonstigen Deutschland nur noch selten zu sehen sind: Mit etwas Glück lässt sich in den Feuchtflächen ein Blick auf die Bekassine, den Seeadler, die Sumpfmeise oder den Kranich erhaschen. Daneben gibt es noch die Lerche, seltene Bussardarten, Turmfalken u. a. Auch Schlangen wie die Kreuzotter oder die Schlingnatter sind hier ebenso zu Hause wie seltene Pflanzenarten (z. B. der Sonnentau).

Der 2005 gegründete Förderverein Himmelmoor sorgt dafür, dieses Erbe zu bewahren, seine ökologische Bedeutung zu dokumentieren (Schautafeln) und das Moor als Natur- und Naherholungsgebiet zu erhalten.

Warum das Himmelmoor allerdings einen so himmelschreienden Namen hat, wird wohl immer unter den Moorsoden verborgen bleiben.

Förderverein Himmelmoor
Dorfstraße 21
T. 04106 9757275
www.foederverein-himmelmoor.de

Jagdhaus Waldfrieden – Romantik Hotel und Restaurant
Kieler Str. 1
25485 Bilsen
T. 04106 61020
www.waldfrieden.com
In etwa zwei Kilometern Entfernung zum Himmelmoor können Sie gepflegt essen gehen oder es sich bei gutem Wetter auch auf der großen Terrasse unter schattenspendenden Bäumen gut gehen lassen. Preiswertes Mittagsmenü

Anfahrt mit dem Auto
Über die A 23 bis Ausfahrt 16 (Pinneberg-Nord): Folgen Sie erst der Quickborner Straße, dann der Pinneberger Straße circa sechs Kilometer, anschließend biegen Sie links ab in den Schulweg bis zum Himmelmoor (circa zwei Kilometer).

Anfahrt mit öffentlichen Verkehrsmitteln
Von Hamburg Hauptbahnhof nehmen Sie die Regionalbahn 61 nach Itzehoe und steigen in Pinneberg in den Bus 594 in Richtung Norderstedt Mitte. Nach 16 Haltestellen steigen Sie in Renzel, Dorfstraße, aus. Von hier sind es noch circa zwei Kilometer zu Fuß (von der Dorfstraße in den Schulweg gehen).

Der Großensee liegt in einer eiszeitlichen Senke, ist bis zu 16,4 Meter tief und seine Uferlinie beträgt 6,2 Kilometer.

Wandern in der Stormanschen Schweiz

Großensee und Lütjensee

Mitten in der Stormarnschen Schweiz, nur zehn Kilometer östlich von Hamburg, liegt in der gleichnamigen Gemeinde der Großensee, der sich seit den 1920er-Jahren im Besitz der Freien und Hansestadt Hamburg befindet. Gespeist wird er von unterirdischen Quellen und von unbedeutenden Bachzuflüssen.

Die Ufer des Sees sind leider nicht immer zugänglich, da das teilweise eine Bebauung mit Privathäusern verhindert oder eine land- und wasserwirtschaftliche Nutzung besteht. Trotzdem sind der Großen- und der benachbarte Lütjensee einen Ausflug wert, weil die beiden Seen und die sie umgebende Landschaft einfach schön sind. Genießen Sie die typisch schleswig-holsteinische Landschaft mit den weiten Feldern und grünen Wiesen. Natur, Kultur und Erholung!

Seerundweg Großensee
Länge: rund 7, 5 Kilometer
Zeit: gemütlich in zwei Stunden

Wir starten am südlichen Ufer des Großensees in Höhe des Freibades und wählen die Route entgegen dem Uhrzeigersinn. Zunächst schlängelt sich der Weg direkt am See entlang. Danach geht es ein Stück durch den Wald. Man erreicht den Nordstrand nach der Überquerung einer kleinen Brücke, einem Zulauf vom nordöstlich gelegenen Mönchsteich. Vom Nordstrand hat man einen weiten Blick auf den Großensee bis hin zur Insel. Sonnenuntergänge sind von hier besonders schön.
Jetzt biegen Sie auf dem Strandweg nach links in einen leicht sumpfigen Abschnitt des Weges ab. Sie passieren einen Waldweg und merken bereits, dass das westliche Seeufer einige kleinere Steigungen bereithält. Die nun folgende Strecke geht durch einen von Zäunen begrenzten Weg mit weiteren kleinen Steigungen. Wenn Sie die ersten Häuser sehen, sind Sie „Am Pfefferberg“ angekommen. Der Weg führt nun für rund 1, 5 Kilometer weg vom See. An der Großen-

Forsthaus Seebergen
Seebergen 9–15
22952 Lütjensee
T. 04154 79290
www.forsthaus-seebergen.de
Zwischen Wald und See gelegen, ist das Forsthaus Seebergen eine Oase der Ruhe und Entspannung. Hier werden Sie mit einer unkomplizierten Feinschmeckerküche verwöhnt. Wenn Sie etwas länger bleiben möchten, warten 31 gemütliche Schlafzimmer auf Sie und am nächsten Morgen werden Sie durch ein echtes Kikeriki geweckt.

Seehof
Seeredder 19–25
22952 Lütjensee
T. 04154 70070
www.seehof-luetjensee.de
Am Waldrand auf einer Anhöhe über dem idyllischen Schilfufer liegt „ein kleines Paradies“ mit faszinierendem Seeblick.
Der in dritter Generation familiengeführte Seehof mit seinem idyllischen Garten und dem ausgedehnten Damwildgehege bietet Ihnen ganzjährig einen stilvollen Restaurantbetrieb mit traditioneller deutscher Küche und anerkannt schmackhaften Wild- sowie Fischgerichten aus eigenen Jagden und Gewässern. Mitten im Wildgehege befindet sich ein kleines Gästehaus mit sechs Zimmern.

seer Straße biegen Sie links in Richtung des Ortskernes von Großensee ab. Spätestens in der Lütjenseer Straße haben Sie erneut Blickkontakt zum Großensee. Nachdem Sie links neben der Straße einen kleinen Dorfteich erblicken, gehen Sie ebenfalls links in die Fritz-Berodt-Straße, um sich anschließend rechts zu halten. Sie befinden sich nun im alten Dorfkern von Großensee, gehen über Kopfsteinpflaster bis auf der rechten Seite der Schmiedeweg zu sehen ist. Auf der linken Straßenseite, gegenüber vom Schmiedeweg, sehen Sie drei Einmündungen – Sie biegen in die mittlere ab. Es wird leicht abschüssig und Sie gehen zunächst an grünen Wiesen vorbei, gefolgt von einem Campingplatz. Sie gelangen so wieder zum südlichen Ufer. Hier endet der Rundkurs.

Einer der schönsten Plätze, der eine uneingeschränkte Sicht garantiert, ist das Freibad am Südstrand. Großer Sandstrand mit teilweise recht flachem Ufer. Hier können Sie es sich auf der Liegewiese oder auf dem Steg bequem machen und der untergehenden Sonne dabei zusehen, wie sie den Himmel und den See in unzählige Farben taucht. Natürlich sollten Sie Ihre Badesachen nicht vergessen, falls Sie sich im See abkühlen möchten. Für das leibliche Wohl sorgen ein Kiosk und ein Restaurant.

Nicht weit vom Großensee entfernt liegt der ebenso malerische Lütjensee, der ebenfalls umrundet werden kann (mit dem Fahrrad oder zu Fuß). An der Nordspitze des Lütjensees hat man einen wunderschönen Blick über den See.

Nordstrand des Lütjensees mit einer naturbelassenen Badestelle

Mönchsteich

Zur Drei-Seen-Platte gehört auch der 24 Hektar große Mönchsteich, der seinen Namen einer Karpfenzucht verdankt, die hier Mönche vor 800 Jahren anlegten. Rund um den See führt ein wunderschöner Wanderweg, der allerdings nicht immer an dem Gewässer entlangführt. Es gibt zwar keine offizielle Badestelle, trotzdem ist der See bei Wasserratten äußerst beliebt, weil die Wasserqualität besonders gut sein soll. Vorsicht: auf Schlingpflanzen achten!

Großensee Südstrand
Trittauer Straße/Seestraße 1
22946 Großensee
www.tourismus-stormarn.de

Restaurant und Café Strandhus Großensee
Seestraße 1
22946 Großensee
T. 04154 6152
www.strandhus-grossensee.de
Liegt in einmalig schöner Natur direkt am See mit Sommergarten und Terrasse mit Lounge-Ecke

Alter Dorfkrug
Fritz-Berodt-Straße 1
22946 Großensee
T. 04154 6640
www.alter-dorfkrug.eatbu.com
Urig rustikales Lokal aus dem 19. Jahrhundert mit deftig-bürgerlicher Küche. Sitzplätze im Freien

Piccolino Ristorante
Trittauer Straße 19
22946 Großensee
T. 04154 8425678
www. piccolino-grossensee.de
Weiträumige Terrasse mit Seeblick. Italienische Küche. Familienbetrieb

Fischerklause am Lütjensee
Am See 1
22952 Lütjensee
T. 04154 792200
www.fischerklause-luetjensee.de
Direkt am Ufer des Lütjensees. Seit über neunzig Jahren in Familienbesitz. Frische regionale Küche. Gute Weinkarte. Im Bootshaus können Ruderboote und Kanus ausgeliehen werden. Große Terrasse

Natur pur im Sachsenwald. Der ideale Ort für eine Wanderung auf Bismarcks Spuren

Ein wahrhaft fürstliches Erlebnis

Der Sachsenwald

Nur zwanzig Kilometer östlich von Hamburg liegt der Sachsenwald. Er ist eng mit dem Namen Bismarck verknüpft. Als Dank für die Verdienste bei der Reichsgründung 1871 hatte Kaiser Wilhelm I. Otto von Bismarck (1815–1898) das größte zusammenhängende Waldgebiet Schleswig-Holsteins geschenkt, das bis heute noch von der Familie bewirtschaftet wird. Um der großen weiten Welt auch weiterhin nahe zu sein, ließ der Fürst direkt an der Bahnstrecke Hamburg–Berlin ein ehemaliges Gasthaus umbauen und genoss dort seinen Ruhestand. An seinem Lieblingsplatz mit Blick über Friedrichsruh ließ sein Sohn Herbert eine Kapelle errichten, in der Otto von Bismarck und seine Frau bestattet wurden. Viele Erinnerungsstücke an den ehemaligen Reichskanzler, unter anderem sein originalgetreu wieder aufgestelltes Arbeitszimmer, finden sich im Bismarck-Museum im „Alten Landhaus".

Idealer Ausgangspunkt für Wanderungen und Radtouren durch die grüne Lunge sind Aumühle und Friedrichsruh, die in gut dreißig Minuten mit der S-Bahn vom Hamburger Hauptbahnhof

Der idyllische Mühlenteich in Aumühle wurde vor mehr als 600 Jahren angelegt. Die Kornmühle ist aber seit den 1950er-Jahren nicht mehr in Betrieb.

zu erreichen sind. Von hier starten mehrere gut ausgeschilderte Wege von vier bis zwölf Kilometern Länge.

Wanderung auf den Spuren Bismarcks

Der Kupferweg zum Beispiel ist insgesamt etwa 5,5 Kilometer lang und beginnt am Bahnhof Friedrichsruh. Von hier geht es bei der Bismarck-Stiftung durch die von Fürstin Elisabeth von Bismarck selbst angemalte, surrealistische Unterführung, die allein schon einen Spaziergang wert ist. Dann führt die Wanderung entlang des Schlosswegs bergab Richtung Norden, am historischen Marstall und dem Bismarck-Museum vorbei. Hier hält man sich links und läuft circa fünfzig Meter entlang der Rosenstraße (L 208), dann geht es rechts den Ödendorfer Weg hoch.

Bismarck-Museum
Am Museum 2
21521 Aumühle
T. 04104 2419
www.sachsenwald.de/bismarckmuseum

Bismarck-Mausoleum
Am Museum 1
21521 Aumühle
T. 04104 2419
www.sachsenwald.de

Waldesruh am See
Am Mühlenteich 2
21521 Aumühle
T. 04104 69530
www.waldesruh-am-see.de

Fürst Bismarck Mühle
Mühlenweg 3
21521 Aumühle
T. 04104 2028
www.bismarck-muehle.com
Gehobene Küche

Forsthaus Friedrichsruh
Ödendorfer Weg 5
21521 Friedrichsruh
T. 04104 692366
www.ForsthausFriedrichsruh.de

Im Herzen des Sachsenwaldes liegt in Friedrichsruh der Garten der Schmetterlinge. Hier fliegen farbenprächtige Falter aus aller Welt.

Man passiert nun das Restaurant Forsthaus Friedrichsruh. Nach 200 Metern geht es links auf den Kupferwanderweg. Dieser ist mit den Wanderwegziffern 2 und 4 versehen. Man folgt den Markierungen an den Bäumen mit den „4en“. Der Weg führt circa 200 Meter parallel der L 208 entlang. Nach 1,2 Kilometern geht es dann rechts den Markierungen mit der „4“ folgend in Richtung Südostost gute 900 Meter bis zum Ödendorfer Weg. Hier dreht man nach rechts. 300 Meter weiter geht es links auf den Kupferweg, der zum Kupferteich und der ursprünglichen Kupfermühle führt. Nach 700 Metern hält man sich rechts und folgt dem Weg auf etwa 900 Metern, bis dieser wieder auf den Ödendorfer Weg stößt. Nun geht es links zum Museum und danach wieder hoch zum Friedrichsruher Bahnhof.

Für Technikliebhaber
lohnt sich ein Abstecher ins Eisenbahnmuseum Lokschuppen Aumühle. Der Zugang zum Museum befindet sich am nördlich der Bahnstrecke verlaufenden Waldweg Aumühle–Friedrichsruh. Besonderer Anziehungspunkt ist eine Fahrt mit der Handhebeldraisine von 1920. Ihre Herkunft ist bis heute ungeklärt, sie wurde 1990 mit total vermoderten Holzteilen in der Schrottecke der AKN-Werkstatt Tiefstack aufgefunden.

Lokschuppen Aumühle – Eisenbahnmuseum
Am Gleise 6
21521 Aumühle
T. 04104 1791
www.vvm-museumsbahn.de
So 11–17 Uhr

Monarchfalter (Danaus plexippus)

Bei Kindern besonders beliebt ist auch der Garten der Schmetterlinge in Friedrichsruh, der vor 25 Jahren von Fürstin Elisabeth von Bismarck gegründet wurde. In den historischen Gewächshäusern des Kanzlers kann die tropische Farbenpracht frei fliegender Falter aus Südamerika, Afrika und Asien bewundert werden.

Garten der Schmetterlinge
Am Schlossteich 8
21521 Friedrichsruh
T. 04104 6037
www.garten-der-schmetterlinge.de

Tipp
Wollen Sie einmal eine Nacht im Wald verbringen? Mitten in der Natur, jedoch mit dem Komfort eines behaglichen Hotelzimmers? Durchs Nachtsichtgerät z. B. ein Rehkitz auf seinem nächtlichen Spaziergang beobachten? Diese ungastliche Nacht können Sie buchen unter: www.waldkorb.de.
Darüber hinaus gibt es auch Doppelzimmer in einem wunderschönen Landhaus, eine Ferienwohnung in der Oberförsterei und ein romantisches Fachwerkhaus zu mieten. Alle „Locations" sind in der Nähe vom Bismarck-Museum und dem Garten der Schmetterlinge.

Anfahrt mit dem Auto
Von der A 24 nehmen Sie Ausfahrt 4 (Reinbek) und halten sich rechts Richtung Reinbek. Nach circa drei Kilometern geht es Richtung Aumühle. Biegen Sie rechts ab auf die Sachsenwaldstraße, bis Sie Aumühle erreichen.
Um nach Friedrichsruh zu kommen, folgen Sie der Straße noch weitere zwei Kilometer und biegen dann links ab auf die L 208 Richtung Friedrichsruh.

Anfahrt mit öffentlichen Verkehrsmitteln
Mit der S 21 bis Aumühle. Für das Bismarck-Museum und -Mausoleum fahren Sie eine Station mit der Buslinie 433 in Richtung Trittau und steigen Friedrichsruh, Bismarck-Museum aus.

Die Schönheit der Lage der Inselstadt Ratzeburg ist aus der Luft besonders gut zu erkennen.

Luftkurort und Inselstadt

Ratzeburg

Mitten im Naturpark Lauenburgische Seen liegt die Inselstadt Ratzeburg, eingebettet in die schönste Feld- und Waldlandschaft Schleswig-Holsteins. Vor allem das viele Wasser mit seiner hervorragenden Badequalität löst Faszination bei den Gästen aus. Die Insellage ermöglicht es, die Ratzeburger Innenstadt komplett mit Kanu oder Tretboot zu umrunden.

Von der Schlosswiese aus startet die Schifffahrt zu großen und kleinen Touren über die Ratzeburger Seen.

Der Ratzeburger Dom zählt zu den bedeutendsten Zeugnissen des romanischen Backsteinbaus in Norddeutschland und beeindruckt mit seiner Architektur und Ausstrahlung. Hier können Sie den Spuren Heinrichs des Löwen folgen, der den Ratzeburger Dom ab 1160 erbauen ließ.

Mit dem Prospekt „Auf den Spuren des Löwen“ (erhältlich bei der Tourist-Information) lassen sich auf 35 Stationen alle wichtigen Stellen der Insel begehen, hiefür folgt man einfach den orangenen Löwenspuren auf dem Gehwegpflaster – die erste Station befindet sich am Rathaus.

Auch das A. Paul Weber-Haus und das Kreismuseum sind einen Besuch wert. Ebenfalls mit einem eigenen Museum wird der Bildhauer, Grafiker und Dichter Ernst Barlach gewürdigt. Im „Alten Vaterhaus“, in dem er wichtige Jahre seiner Kindheit und Jugend verbrachte, finden Besucher heute zahlreiche seiner Werke.

Wasserspaß für Groß und Klein

Die zwei zentral gelegenen Badestellen am Rande der Ratzeburger Insel bieten Wasserspaß für die ganze Familie. Ein großer Sandstrand sowie eine angrenzende Wiese laden zum Buddeln, Spielen und Sonnetanken ein.

Strandbad Schlosswiese und Kurpark
Schlosswiese bzw. Kurpark
23909 Ratzeburg
T. 04541 8000886
www.inselstadt-ratzeburg.de
Ganzjährig geöffnet, Eintritt frei

Tourist-Information Ratzeburg
Unter den Linden 1
23909 Ratzeburg
T. 04541 8000886
www.inselstadt-ratzeburg.de

Ernst Barlach Museum Ratzeburg
Barlachstraße 3
23909 Ratzeburg
T. 04541 3789
www.ernst-barlach.de/ratzeburg

A. Paul Weber-Haus
Domhof 5
23909 Ratzeburg
T. 04541 860720
www.weber-museum.de
Di–So 10–13 Uhr und 14–17 Uhr

Café Bischofsherberge
Domhof 31
23909 Ratzeburg
T. 04541 863122
www.vorwerker-diakonie.de
Café in einem Spätrenaissance-Gebäude. Hier arbeiten Menschen mit und ohne Behinderung gemeinsam.

Hotel & Restaurant „Der Seehof“
Lüneburger Damm 1–3
23909 Ratzeburg
T. 04541 860101
www.der-seehof.de

Anfahrt mit dem Auto
Über die A 24 Ausfahrt 7 (Talkau), der B 207 bis Ratzeburg folgen

Anfahrt mit öffentlichen Verkehrsmitteln
Ab Hamburg Hauptbahnhof mit dem RE nach Lübeck, weiter mit dem RE in Richtung Lüneburg nach Ratzeburg

Blick über den Stadtsee auf die Altstadt von Mölln mit der St. Nicolai-Kirche

Eulenspiegelstadt
Mölln

Umgeben von Wasser, Wald und idyllischen Dörfern ist die Stadt mit ihren mittelalterlichen Schätzen seit 1970 anerkannter Kneippkurort. Wer das nasse Element liebt, wird auch Mölln in sein Herz schließen.

Die prachtvolle Altstadt rund um die Stadtkirche St. Nicolai mit dem spätmittelalterlichen Rathaus und dem historischen Marktplatz steht unter Denkmalschutz und ist einen Besuch wert. Begegnungen mit Till Eulenspiegel warten an jeder Ecke. Der Narr soll hier gestorben und beerdigt sein und die Möllner halten sein Andenken bis heute lebendig.

Vielseitige Veranstaltungen laden auf dem Marktplatz, im Kurpark und in der Innenstadt zu besonderen Erlebnissen ein.

Im Naturparkzentrum Uhlenkolk sind mehr als dreißig heimische Tierarten zu entdecken – ein kostenloser Spaß für die ganze Familie, und das zu jeder Jahreszeit.

Wie Ratzeburg wird auch Mölln von einer Seenkette umschlossen, die vielversprechende Areale für Freizeitkapitäne eröffnen. Die Schiffsrundfahrten sollten Sie auf keinen Fall verpassen!

Das Möllner Umland ist außerdem ein Paradies für ausgiebige Radtouren oder Wanderungen.

Planschvergnügen für die ganze Familie

Das 100-jährige Bad am Rande der Altstadt, umgeben von altem Baumbestand, ist eine herrliche Sommeroase.

Luisenbad Mölln

Am Schulsee
23879 Mölln
T. 04542 8293864
www.moelln-tourismus.de
Mitte Mai–Mitte Sept. Mo–So 10–20 Uhr, Eintritt frei

Der Narr als Wahrzeichen: der Eulenspiegelbrunnen am Rathausplatz in Mölln. Fußspitzen und Daumen sind bereits blank geputzt von den zahllosen Berührungen der Besucher.

Neuer Trendsport

Seit 2013 bietet die DiscGolf-Anlage rund um die Hermannsquelle ein zusätzliches Freizeitangebot.
Wie beim gewöhnlichen Golf wird versucht, von einem Abschlagspunkt mit so wenigen „Würfen" wie möglich die Körbe zu treffen – mit einem Disc. Die Benutzung ist kostenlos.

DiscGolf
Feldbäckerei
23879 Mölln
T. 04542 8568890

Tourismus- und Stadtmarketing Mölln
Am Markt 12
23879 Mölln
T. 04542 8568890
www.moelln-tourismus.de

Naturparkzentrum Uhlenkolk
Waldhallenweg
23879 Mölln
T. 04542 803345
www.moelln-tourismus.de
Rund um die Uhr geöffnet,
Eintritt frei

Möllner Museum – Historisches Rathaus & Eulenspiegel Museum
Auf dem historischen Markplatz
23879 Mölln
T. 04542 835462
www.moellner-museum.de

Quellenhof Mölln
Hindenburgstraße 16
23879 Mölln
T. 04542 85420
www.quellenhof-moelln.de
Gutbürgerliche Küche

Waldhalle
Waldhallenweg
23879 Mölln
T. 04542 85880
www.waldhalle.de
Gehobene Küche mit Blick auf den Schmalsee

Anfahrt mit dem Auto
Über die A 24 Ausfahrt 7 (Talkau) und der B 207 bis Mölln folgen

Anfahrt mit öffentlichen Verkehrsmitteln
Ab Hamburg Hauptbahnhof mit dem RE in Richtung Büchen nach Schwarzenbek, weiter mit dem Bus 8810 in Richtung Mölln

Die heutige Gestalt des Herrenhauses von Gut Wotersen, das auch als Schloss Wotersen bezeichnet wird, stammt aus dem 18. Jahrhundert. Bei diesem Umbau wurde das Gebäude aufgestockt, zur Hofseite auf drei Stockwerke, auf der Gartenseite aufgrund des ansteigenden Geländes auf nur zwei.

Alter Adelssitz

Gut Wotersen

Bekannt geworden ist das Gut Wotersen als Drehort der Fernsehserie „Die Guldenburgs", die von 1987–1990 im ZDF ausgestrahlt wurde. Das Gut liegt an der Alten Salzstraße auf halbem Weg zwischen Lübeck und Lüneburg. Mit dem dreiflügeligen Herrenhaus aus dem 18. Jahrhundert ist es aufs Engste mit dem Adelsgeschlecht derer von Bernstorff verbunden.

1717 wurde das Gut zusammen mit den umliegenden Höfen von dem aus der Mecklenburgischen Ritterschaft stammenden Andreas Gottlieb Freiherr von Bernstorff (1649–1726) erworben, der ab 1720 anstelle der im Dreißigjährigen Krieg zerstörten Burg neue Gebäude errichten ließ.

Der unter ihm geplante Garten wurde aber nach seinem Tod nicht mehr umgesetzt, der Innenausbau erst Mitte des 19. Jahrhunderts fertiggestellt, als das Gut von einem Urgroßneffen der Bernstorffs dauerhaft bewohnt wurde. Dieser ließ auch den Barockgarten in einen Landschaftspark umgestalten und modernisierte die Wirtschaftsgebäude.
Ein Dorf Wotersen wurde erstmals 1230 im Ratzeburger Zehntregister erwähnt.
Auch heute noch wird das Gut genutzt, um die umliegenden Ländereien zu bewirtschaften. Das Herrenhaus ist nicht öffentlich zugänglich. Auf dem Hofgelände und den Hallen finden allerdings regelmäßig Veranstaltungen statt. So die jährlichen Konzerte im Rahmen des Schleswig-Holstein Musikfestivals in der großen Reithalle aus dem 19. Jahrhundert, die sich auf dem Gutsgelände befindet. Etwa tausend Besucher fasst die geräumige Halle mit ihrer roten Klinkerfassade. Bei den Musikfesten auf dem Lande ist zusätzlich der Park des Gutshauses für die Besucher geöffnet.

Gut Wotersen
Wotersen
T. 04158 883311
www.wotersen.de

Tipp
Der Ausflug nach Wotersen lässt sich sehr gut mit einer Radtour entlang des nahe gelegenen Elbe-Lübeck-Kanals verbinden. Von der Dorfstraße rechts in den Güsterer Weg abbiegen, danach der Roseberger Straße bis Güster folgen; anschließend dem ehemaligen Treidelpfad bis Mölln folgen.
Siehe auch Ausflugstipps nach Mölln oder Lauenburg

Anfahrt mit dem Auto
Über die A 24 Richtung Berlin Ausfahrt 7 (Talkau), dann rechts auf die B 207 und vor Elmenhorst über Kankelau bis Wotersen

Das Herz der historischen Altstadt: die Elbstraße mit ihren liebevoll restaurierten bunten Fachwerkhäusern

Alte Schifferstadt am Strom

Lauenburg/Elbe

Die über 800 Jahre alte Schifferstadt im Süden Schleswig-Holsteins teilt sich in die Ober- und die Altstadt. Hoch oben am Hohen Elbufer thront das Lauenburger Schloss. Von der großen Schlossanlage der Herzöge von Sachsen-Lauenburg ist nur noch ein Flügel erhalten, der heutige Sitz der Verwaltung. Der Rest fiel 1616 einem Brand zum Opfer. Ältester Teil des Schlosses und heute noch zu besichtigen: der Schlossturm von 1477.

Vom bekannten Askanierblick am Schlossplatz eröffnet sich eine herrliche Aussicht über die Elbtalauen ins Dreiländereck (Mecklenburg, Schleswig-Holstein, Niedersachsen) und über die Dächer der Stadt.
So wie die Oberstadt für ihren Ausblick bekannt ist, überzeugt die Altstadt, direkt an der Elbe gelegen, mit herrlichen Anblicken. Hier befindet sich das historische Herz der Stadt: die Elbstraße mit ihren liebevoll restaurierten bunten Fachwerkhäusern.

Der Rufer, eine Bronzeplastik, steht unmittelbar an der Elbe. Er symbolisiert die über jahrhundertealte Tradition der Elbschifffahrt.

Begrüßt wird man am Ruferplatz von der Symbolfigur Lauenburgs, dem Rufer.
Das Elbschifffahrtsmuseum, die Maria-Magdalenen-Kirche aus dem 13. Jahrhundert sowie das alte Kaufmannshaus, das einzige original restaurierte und eingerichtete Stadthaus im Süden Schleswig-Holsteins, sind nur einige reizvolle Stationen, die es bei einem Besuch nicht zu verpassen gilt.
Kleine Stübchen mit kreativen Kostbarkeiten und romantische Kunstateliers laden zum Stöbern und Verweilen ein, und Restau-

Touristeninformation
Elbstraße 59
21481 Lauenburg/Elbe
T. 04153 5909220
www.lauenburg-tourismus.de

Schloss und Schlossturm
Amtsplatz 6
21481 Lauenburg/Elbe
T. 04153 59090
www.lauenburg-elbe.de

Von Herzen – Frühstück & Café
Elbstraße 46–50
21481 Lauenburg/Elbe
T. 04153 5715123
www.von-herzen.de
Di–So 9–18 Uhr
Mit Blick auf die Elbe, großes Angebot an Kuchen, Torten und einem legendären Frühstück

Schifferbörse
Elbstraße 82
21481 Lauenburg/Elbe
T. 4153 599273
Inmitten der malerischen Altstadt können Sie sich mit rustikaler, deutscher Küche oder hausgemachtem Kuchen stärken. Direkt am Fluss gelegen, lädt der schöne Elbblick zum Verweilen ein.

Blick auf die Lauenburger Altstadt mit der Elbe und der Maria-Magdalenen-Kirche

rants und Cafés locken mit regionalen Spezialitäten inklusive Elbpanorama.

Wer die Schifferstadt zu Fuß erkunden möchte, kann aus drei Rundwanderwegen wählen – Mühlenwanderweg (fünf Kilometer), Auenwanderweg (neun Kilometer), Elbwanderweg (fünf Kilometer). Der Elbwanderweg führt durch das Naturschutzgebiet Hohes Elbufer. Bis auf noch nicht absehbare Zeit ist dieser Wanderweg jedoch gesperrt, da er naturbelassen ist und es durch die letzten Stürme zu gefährlich geworden ist, hier entlangzugehen.

Lauenburg ist außerdem ein optimaler Ausgangspunkt für Schifffahrten: Der Museumsraddampfer *Kaiser Wilhelm* lädt von Ende April bis Ende September regelmäßig zu nostalgischen Fahrten auf der Elbe ein (siehe Seite 90 f.).

Infos unter: www.raddampfer-kaiser-wilhelm.de

Zahlreiche ehrenamtliche Helfer sorgen dafür, dass das 1900 vom Stapel gelaufene Schiff unter Dampf bleibt. Alternative erlebnisreiche Schiffstouren führen

unter anderem nach Bleckede, Hitzacker, Lübeck und Hamburg. Ein Zeugnis der langen Schifffahrtsgeschichte ist die Palmschleuse am östlichen Stadtrand von Lauenburg, besterhaltenes Bauwerk der ehemaligen Stecknitzfahrt, ein Kanalsystem, das seit 1398 die beiden großen Hansestädte Hamburg und Lübeck verband. Das aus Holz gebaute Bauwerk war mehr als 300 Jahre im Dienst, bis es (1724) durch einen Steinbau ersetzt wurde. Die Schleuse blieb bis zur Einstellung der Schifffahrt 1896 auf dem Stecknitz-Kanal in Betrieb. Heute erinnert die Palmschleuse, als eine der ältesten Kammerschleusen Europas, an eine über 600 Jahre alte Wasserstraße.
Besichtigen Sie danach auch das historische E-Werk, das in unmittelbarer Nähe liegt: Das ehemalige mit Wasserkraft betriebene Elektrizitätswerk der Stadt Lauenburg musste seinen Betrieb 1985 wegen mangelnder Wirtschaftlichkeit einstellen, heute lässt sich das Werk und seine nahezu vollständig erhaltene Motorentechnik erkunden.

E-Werk
Bei der Palmschleuse 4
21481 Lauenburg/Elbe
T. 04153 5909220
www.ewerk-lauenburg.de
Besichtigung nach Vereinbarung

Palmschleuse
Bei der Palmschleuse
B5 (hinter dem Kanal rechts)
21481 Lauenburg/Elbe
Infos unter:
www.lauenburg-tourismus.de

Hotel Bellevue
Blumenstraße 29
21481 Lauenburg/Elbe
T. 04153 2318
www.hotel-bellevue.de
Das Hotel & Restaurant liegt in der Oberstadt und bietet ein herrliches Elbpanorama.

Anfahrt mit dem Auto
Über die A 25, B 404 und B 5 Richtung Geesthacht/Lauenburg

Anfahrt mit öffentlichen Verkehrsmitteln
Mit dem RE ab Hamburg Hauptbahnhof in Richtung Rostock mit Umstieg in Büchen; dort weiter mit dem RE in Richtung Lüneburg oder mit dem Schnellbus 31 ab Hamburg bequem und ohne Umsteigen

Die *Kaiser Wilhelm* ist ein Museumsschiff der ganz besonderen Art. Eine Seereise mit diesem Technikdenkmal wird zu einem einzigartigen Erlebnis.

Eine Seefahrt, die ist lustig ...

Mit einem Raddampfer auf der Elbe

Die Kessel sind angeheizt, die Dampfmaschine geschmiert, genug Proviant ist auch an Bord. Einer der letzten noch fahrenden, kohlebefeuerten Schaufelraddampfer in Deutschland kann ablegen. Um das 118 Jahre alte Schiff in Fahrt zu bringen, müssen die Kessel unter Dampf stehen. Schrill pfeift das Horn, schwarzer Rauch steigt aus dem schwarz-gelben Schornstein. Nostalgie pur für ein einzigartiges Erlebnis.

Obwohl er schon einige Jahre auf dem Buckel hat, legt die *Kaiser Wilhelm* mit großem Getöse ab. Uns erwartet eine unvergessliche kleine Seereise auf einem „Museumsschiff" der ganz besonderen Art.

In Lauenburg, der Schifferstadt an der Elbe, treffen drei Wasserstraßen zusammen: die Elbe, der Elbe-Lübeck-Kanal und der Elbe-Seitenkanal. Kein Wunder, dass sich in der Stadt seit jeher alles um die Schifffahrt dreht.

Lauenburg war im Mittelalter einer der Hauptumschlagsplätze des Nordens. Hier wurde das Salz aus der Lüneburger Saline umgeladen und auf die Reise nach Lübeck gebracht. Aus dem mittelalterlichen Stecknitzkanal mit seiner „Palmschleuse“ (siehe Seite 89) wurde später der Elbe-Lübeck-Kanal. Wo einst die Transportkähne anlegten, können Sie heute an Bord eines Ausflugsschiffes gehen und die Elbe, den Elbe-Seitenkanal und den Elbe-Lübeck-Kanal vom Wasser aus entdecken. Ein besonderes Erlebnis ist natürlich eine Seereise mit der *Kaiser Wilhelm*. Wenn Sie noch mehr über die Entwicklung der Elbschifffahrt wissen möchten, dann besuchen Sie vor oder nach der Fahrt mit der *Kaiser Wilhelm* das Elbschifffahrtsmuseum. Im Mittelpunkt der Ausstellung stehen die Arbeits- und Lebensbedingungen der Menschen, die die Schiffe gebaut und bedient haben. Es wird die tausendjährige Entwicklung der Schifffahrt auf der Elbe vom Einbaum bis zum Tankschiff gezeigt. Darüber hinaus gibt es eine einmalige Sammlung von Schiffstypen, Motorisierungen und Modellen. Das seetüchtige Technikdenkmal *Kaiser Wilhelm* fährt unter anderem auf der „Elbtalaue-Linie“ von Lauenburg nach Hitzacker, Bleckede, Lübeck, Hamburg und Lüneburg mit dem Schiffshebewerk Scharnebeck.

Raddampfer Kaiser Wilhelm
Tickets unter: www.eventim.de
Fahrplan mit Sonderfahrten unter:
www.raddampfer-kaiser-wilhelm.de

Elbschifffahrtsmuseum
Elbstraße 59
21481 Lauenburg/Elbe
T. 04153 5909219
www.elbschifffahrtsmuseum.de
März–Okt. Mo–Fr 10–18 Uhr, Sa–So 10–17 Uhr, Nov.–Feb. tgl. 10–16 Uhr
Interaktive und moderne Ausstellung für die ganze Familie mit begehbaren Themenräumen und der Schatzkammer der Schiffsantriebe

Anfahrt mit dem Auto
Über die A 25, B 404 und B 5 bis Hafenstraße/B209 in Lauenburg

Anfahrt mit öffentlichen Verkehrsmitteln
Mit dem RE ab Hamburg Hauptbahnhof in Richtung Rostock mit Umstieg in Büchen; dort weiter mit dem RE in Richtung Lüneburg oder mit dem Schnellbus 31 ab Hamburg bequem und ohne Umsteigen. In Lauenburg aussteigen und bis zur Hafenstraße fünf Minuten zu Fuß

Ausflüge nach Niedersachsen

Das Freilichtmuseum am Kiekeberg macht Geschichte lebendig. Auch Nutztierrassen, die heute vom Aussterben bedroht sind, werden gezeigt und machen den Besuch für Groß und Klein zu einem unvergesslichen Erlebnis.

Geschichte zum Anfassen

Freilichtmuseum am Kiekeberg

Direkt am Stadtrand von Hamburg in den Harburger Bergen liegt eines der schönsten Freilichtmuseen Deutschlands. Natürlich ist es in einem Museumsdorf ganz besonders schön, wenn die Sonne lacht. Aber auch bei norddeutschem Schietwetter kann man am Kiekeberg viel erleben.

Auf zwölf Hektar erfahren Sie in über vierzig historischen Gebäuden, wie unsere Vorfahren in der Lüneburger Heide und der Winsener Marsch früher lebten. Mit ihren traditionellen Inneneinrichtungen und den historischen Gärten vermitteln die Bauernhäuser, Scheunen und Wirtschaftsgebäude ein realistisches Bild der Zeit von 1600 bis in die 1950er-Jahre.

Pommersche Gänse, Ramelsloher Hühner oder Bunte Bentheimer Schweine, alles Nutztierrassen, die um 1900 auf Bauernhöfen der Region typisch waren und heute überwiegend vom Aussterben bedroht sind, machen den Museumsbesuch für Klein und Groß zu einem unvergesslichen Erlebnis.

In Schaugärten pflanzen und vermehren Gärtner heimische alte Obst- und Gemüsesorten und präsentieren die Gartengestaltung vergangener Jahrhunderte. „Geschichte zum Mitmachen“ ist das Motto des lebendigen und familienfreundlichen Freilichtmuseums, in den verschiedenen Schaubetrieben, in den Ausstellungen, auf dem Wassererlebnispfad, im Agrarium, bei den spannenden und kindgerechten Mitmach-Stationen.
Das ganze Jahr über finden Aktionstage statt: vom Weihnachtsmarkt oder Kartoffelfest über Traktoren- und Oldtimertreffen bis hin zum historischen Jahrmarkt und den Pflanzenmärkten. Die Museumsgaststätte „Stoof Mudders Kroog“ im historischen Pfarrwitwenhaus bietet heimische Gerichte wie zu Großmutters Zeiten.
Im Museumsladen gibt es Altbewährtes und längst Vergessenes, wertvolle handgearbeitete Produkte von hausgemachter Wurst bis zu feinster Seife, ausgewählte Literatur über Land- und Gartenthemen, Blechspielzeug und vieles andere mehr.

Stiftung Freilichtmuseum am Kiekeberg
Am Kiekeberg 1
21224 Rosengarten-Ehestorf
T. 040 7901760
www.kiekeberg-museum.de

Museumsgasthof Stoof Mudders Kroog
T. 040 79144498
www.stoof-mudders-kroog.de

Anfahrt mit dem Auto
A 7 bis Ausfahrt 34 (HH-Marmstorf), dann weiter auf A 261 bis Ausfahrt 2 (HH-Marmstorf-Lürade). Folgen Sie ab den Ausfahrten der Beschilderung zum Museum. Kostenlose Parkplätze für PKW und Busse sind ausreichend vorhanden.

Anfahrt mit dem öffentlichen Nahverkehr
S 3/S 31 bis Harburg Rathaus oder Neuwiedenthal, dann HVV-Bus 340 oder 84244 bis Haltestelle Ehestorf, Museum Kiekeberg

Von Prunkpforten und Apfelblüten

Altes Land/Jork

Stellen Sie sich vor, es ist Frühling. Die Sonne scheint und es weht ein lauer Wind. Die Obstfelder blühen und es riecht nach Elbe. Sie gehen auf den Deich, schauen den großen Pötten hinterher und Hamburg ist nicht weit. Wo sind Sie? Im Alten Land, das seinen Namen von den ersten holländischen Siedlern erhielt, die kamen, um dieses flache Marschland trockenzulegen. Sie nannten es Olland (hochdeutsch Altland).

Doch nicht nur im Frühling lockt das größte zusammenhängende Obstbaugebiet Europas Besucher aus aller Welt an. Das Alte Land hat mehr zu bieten als Äpfel, Kirschen und Kaffeegärten. Es ist auch eine uralte Kulturlandschaft direkt vor den Toren Hamburgs. Vor allem rund um Jork lassen sich die typischen, reich verzierten Altländer Fachwerkhäuser – im Frühling eingebettet in ein Meer aus rosa und weißen Apfel- und Kirschblüten – mit ihren „Prunkpforten" und Brauttüren entdecken.

Die verzierten Torbögen über den Hofeinfahrten sind ebenso zum Markenzeichen des Alten Landes geworden wie die 15 Millionen Obstbäume. Überall entlang des Weges locken Hofläden und Cafés mit einem umfangreichen Angebot rund um das Obst. Marmeladen, Obstbrände und weitere Spezialitäten gehören zum Sortiment.

Das Tor zum Hof: Prunkpforten gelten als ganz außergewöhnliche Bauwerke, die den Eingang zu den großen Altländer Bauernhöfen schmücken und den Wohlstand der Besitzer repräsentieren.

Das reiche kulturelle Erbe offenbart sich auch in den Altländer Kirchen mit ihren prachtvollen Orgeln, die als Hochzeitskirchen sehr beliebt sind.

In Jork kennen Altländer Gästeführer in Festtracht die schönsten Ecken und begleiten die Gäste auf Wunsch auch mit dem Rad, z. B. ins Museum Altes Land. Alte landwirtschaftliche Gerätschaften und Geschichtliches sind hier anschaulich aus Privatbesitz zusammengetragen und man erfährt viel über die Schifffahrt auf der Unterelbe und verheerende Sturmfluten.

Sehenswert sind außerdem die drei Jorker Kirchen sowie die

Obstbauversuchsanstalt Esteburg, das Beratungs- und Kompetenzzentrum für Obstbau.
Am ersten Maiwochenende steht Jork im Zeichen des Altländer Blütenfestes, bei dem die Blütenkönigin gekrönt wird. Kirschen naschen verspricht die Kirschenwoche im Juli, und einen Blick hinter die Kulissen des Obstbaus verschaffen die Altländer Apfeltage, die jährlich zwischen September und November stattfinden.
Beim Tag des offenen Hofes werden anstelle von Äpfeln die Besucher mit den Erntezügen durch die Obstplantagen gefahren, und es finden allerlei Aktivitäten „rund um den Apfel" statt.

Eine Kulturlandschaft mit unverwechselbarem Charakter
Sei es zur Geschichte, Kultur und Tradition, zum Obstbau oder der Schifffahrt, zu den musikalischen oder gastronomischen Genüssen – zu allen Jahreszeiten gibt es unterschiedliche Angebote, mit denen das Alte Land kennengelernt werden kann. Ab April beginnt offiziell die Tourismussaison und dauert bis Ende Oktober an. In dieser Zeit finden regelmäßig die „Erlebnisse im Alten Land" statt. Nähere Infos unter: www.tourismus-altesland.de/erleben

Tourismusverein Altes Land
Osterjork 10
21635 Jork
T. 04162 914755
www.tourismus-altesland.de

Museum Altes Land
Westerjork 49
21635 Jork
T. 04162 5715
www.jork.de
April–Okt. Di–So 11–17 Uhr,
Nov.–März Mi, Sa, So 14–17 Uhr

Gräfenhof/Rathaus Jork
Am Gräfengericht 2
21635 Jork
www.jork.de
Das Rathaus bildet den Mittelpunkt der Gemeinde, wie es der „Hof zu Jork" aus dem 17. Jahrhundert war. Das Verwaltungsgebäude ist auch kulturelles Zentrum.

Hotel Altes Land
Schützenhofstraße 16
21635 Jork
T. 04162 91460
www.hotel-altes-land.de
Im Restaurant Ollaner Buurhus können sie regionale Küche mit Altländer Spezialitäten genießen.

Anfahrt mit dem Auto
Durch den Elbtunnel in Richtung Süden, Ausfahrt 30 (HH-Waltershof), der Finkenwerder Straße folgen, nach circa 18 Kilometern links abbiegen auf Große Seite nach Jork

Anfahrt mit öffentlichen Verkehrsmitteln
Mit der S 3 bis Buxtehude, dann mit der Buslinie 2030 bis Jork Marktplatz

Auf den Spuren von Has' und Igel

Buxtehude

Wo bellt der Hund mit dem Schwanz? Wo sagt der Igel zum Hasen „Ick bün all dor“? Richtig: In Buxtehude! Die „märchenhafte“ 40 000-Einwohner-Stadt liegt etwa dreißig Kilometer südwestlich von Hamburg. Ihre Geschichte beginnt mit dem 959 erwähnten Königsgut Buochstadon (Buchenstätte), woraus im 13. Jahrhundert die Stadt Buxtehude wurde.
Marsch, Moor, Geest und die Flussaue der Este prägen die Stadt. Besonders reizvoll ist Buxtehudes Altstadt mit ihrem Fleth, dem Viver (Stadtgraben) und den historischen Bürgerhäusern.

Zu Fuß durch die Buxterhuder Altstadt

Ausgangspunkt ist das Amtsgericht in der Bahnhofstraße. Der Straße folgend, überqueren wir die Este und werden am Geesttor vom Hase-und-Igel-Brunnen begrüßt. In der Langen Straße sehen wir rechter Hand das 1548 errichtete „Bürgerhaus“ mit massiv aufgemauertem Erdgeschoss und gotischem Portal (heute: Restaurant Amadeus). Schräg gegenüber steht das imposante Rathaus von 1913/14 an der Stelle des im großen Stadtbrand 1911

Der Marktplatz Buxtehudes mit dem imposanten Rathaus

vernichteten Vorgängerbaus aus dem 15. Jahrhundert.
Nun geht es die Breite Straße entlang, der Verbindung zum grachtartigen Fleth. Dieser künstliche Wasserlauf wurde gegen Ende des 13. Jahrhunderts als innerstädtischer Hafen nach niederländischem Muster angelegt. Bis 1962 fuhren hier noch die für die Niederelbe typischen plattbodigen Frachtewer. Die „Margareta“, das letzte Schiff der Buxtehuder Ewerflotte, Baujahr 1897, liegt bei der ehemaligen Flethmühle vor Anker. Beeindruckend! Entlang dem Westfleth mit seinen vielen gut restaurierten Fachwerkgiebeln geht es Richtung Hafen, auf den Marschtorzwinger zu – letzter von ehemals fünf Rundtürmen der früheren Stadtmauer –, bevor wir nach rechts in die Fischerstraße abbiegen, das Herz der Altstadt. Das

Haus Nummer 3 mit der Sonne im Spitzgiebel, erbaut 1553 als Fuhrmannshaus, weist den reichsten Schmuck an Schnitzereien und Malereien unter den Buxtehuder Häusern auf. Gegenüber befindet sich im Gebäude der alten Lateinschule aus der ersten Hälfte des 18. Jahrhunderts die Stadtbibliothek. Hier biegen wir rechts in den Wedenhof ein und umrunden das Areal des ehemaligen Armen- und Krankenhauses. Nach links geht es nun durch die Abtstraße zur über 700 Jahre alten 75 Meter hohen St. Petri-Kirche.
Das schöne Fachwerkhaus mit der „Lebkuchenfassade" auf dem St.-Petri-Platz wurde 1913 als Heimatmuseum erbaut (heute: Buxtehude•Museum für Regionalgeschichte und Kunst). Wir gehen links daran vorbei in den Stavenort. Hier befanden sich im Mittelalter die öffentlichen Badestuben (niederdeutsch: staven). Schmale, zweigeschossige Fachwerkhäuser, deren Außenwände zum Teil aus Resten der alten Stadtmauer bestehen, sind charakteristisch für das früher eng bebaute und verwinkelte Wohnquartier. Heute ist hier die Kunst zu Hause: verschiedene Galerien und die Kunstschule Buxtehude.

Servicecenter Kultur & Tourismus
Historisches Rathaus
Breite Straße 2
21614 Buxtehude
T. 04161 5012345
www.buxtehude.de/tourismus
Themenführungen durch die Stadt: unter anderem „Mit Hase und Igel durch Buxtehude"

Buxtehude•Museum für Regionalgeschichte und Kunst
Stavenort 2
21614 Buxtehude
T. 04161 5012333
www.buxtehudemuseum.de
Das Museum ist zurzeit (2019) wegen Umbaus geschlossen. Informationen zur Neueröffnung erhalten Sie auf der Internetseite des Museums.

Amadeus – Restaurant im Bürgerhaus
Lange Straße 25
21614 Buxtehude
T. 04161 54961
www.amadeus-buxtehude.de

Anfahrt mit dem Auto
Durch den Elbtunnel in Richtung Süden, Ausfahrt 32 (HH-Heimfeld) und der B 73 bis Övelgönne folgen; dort rechts abbiegen und die Ausfahrt Richtung Buxtehude-Mitte nehmen

Anfahrt mit öffentlichen Verkehrsmitteln
Mit der S 3 ab Hamburg Hauptbahnhof bis Buxtehude

Stade mit seinen malerischen Gassen und seiner Fachwerkarchitektur liegt am Fluss Schwinge. Die Hafen- und Handelsstadt kann auf eine 1000-jährige Geschichte zurückblicken. Im Bild der Hansehafen mit Schwedenspeicher (rechts), der während der 67 Jahre dauernden Besetzung der Stadt durch die Schweden als Lagerhaus erbaut wurde.

Hafen- und Handelsstadt

Stade

Der Hansehafen, die winkligen Gassen, die gut erhaltenen Fachwerkhäuser, der Festungsring und die Umgebung, das Alte Land, machen die Stadt an der Schwinge zu einem Kleinod. Zu Recht schmückt sich Stade seit 2009 auch wieder offiziell mit dem Titel Hansestadt.

Nach Ansicht von Historikern und Archäologen war Stade schon vor der Verleihung der Stadtrechte und lange vor Hamburg einer der bedeutendsten Handelsplätze im Norden.

Schon anno 994 wird Stade – oder besser „Stethu" – erstmals schriftlich erwähnt. Schnell entwickelte sich der kleine Marktflecken an der Unterelbe zu einem wichtigen Hafen- und Handelsplatz. 1209 erhielt Stade sein eigenes Stadtrecht.

Bereits im Mittelalter war die Stadt Teil der Handelsorganisation der Hanse. Kaum war der neue Hafen am Spiegelberg angelegt, fuhren auch schon die ersten Stader Kaufleute bis Holland und Dänemark.

Durch die schwedische Eroberung 1645 wandelte sich Stade

mehr und mehr zur Garnisons- und Verwaltungsstadt und gehörte rund siebzig Jahre zur schwedischen Krone (bis 1712). Am 26. Mai 1659 zerstörte der „Große Brand“ zwei Drittel aller Häuser. Auf den alten Grundmauern wurde die Stadt wieder aufgebaut. Ein Glück für Stade – denn dadurch verfügt die Altstadt noch heute über kleine Geschäftsläden mit viel Charme in winkligen Gassen sowie gemütliche Cafés und Restaurants direkt am Wasser.

Museenreichtum Stade

Vor allem für Kulturliebhaber hat Stade einiges zu bieten. Zahlreiche Museen sind in Stade angesiedelt. Eines davon ist das Museum Schwedenspeicher, das seit 2011 in neuem Glanz erstrahlt. Eine modern konzipierte Dauerausstellung zur Stadtgeschichte und eine einzigartige Präsentation zum Thema Hansezeit machen Lust auf eine Reise in die Vergangenheit.

Tourist-Information am Hafen
Hansestraße 16
21682 Stade
T. 04141 776980
www.stade-tourismus.de

Café im Goebenhaus
Wasser West 21
21682 Stade
T. 04141 2313
www.goebencafe.de
Di–So 9–18 Uhr

Altstadtcafé Stade
Hökerstr. 29
21682 Stade
T. 04141 44377
www.altstadtcafe-stade.de
tgl. 9–17.30 Uhr

Pannekoken Hus
Wasser West 1
21682 Stade
T. 04141 44602
www.pannekokenhus.de
tgl. ab 11 Uhr
Leckere Pfannkuchen nach original holländischem Geheimrezept am Alten Hafen

Restaurant Knechthausen
Bungenstraße 20
21682 Stade
T. 04141 5296360
Di–Sa 18–21 Uhr
Das Restaurant befindet sich im historischen Gildehaus der Brauerknechte im Stader Altstadtkern.

Museum Schwedenspeicher
Wasser West 39
21682 Stade
T. 04141 797730
www.museen-stade.de/schwedenspeicher

Das Museum Schwedenspeicher ist seit 1977 ein Regionalmuseum, dessen Inhalte sich mit der Archäologie und Geschichte des Elbe-Weser-Raums im Allgemeinen und der Stadt Stade im Besonderen befassen.

Das Freilichtmuseum auf der Insel in Stade ist eines der ältesten frei zugänglichen Freilichtmuseen Deutschlands.

Das Kunsthaus lockt mit hochkarätigen Werken namhafter Künstler und genießt deshalb nicht nur in Künstlerkreisen einen hervorragenden Ruf.
Und während das Freilichtmuseum auf einer Insel inmitten der Stadt mit der Bockwindmühle, dem Altländer Bauernhaus, dem Geesthaus und diversen Nebengebäuden sowie dem reichhaltigen Interieur das Leben auf den Höfen in der Marsch und auf der Geest bei Stade widerspiegelt, erinnert das Patenschaftsmuseum Goldap mit seiner Sammlung an den ehemaligen ostpreußischen Landkreis gleichen Namens.

Am Hansehafen informiert eine Dauerausstellung in einem alten Holztretkran über die Stader Hafengeschichte. Gleichzeitig dient das denkmalgeschützte Küstenmotorschiff *Greundiek* im Stadthafen als voll betriebsfähiges Museumsschiff.

Ein Spaziergang durch die Altstadt
Wasser spielt in Stade die Hauptrolle, so auch am Alten Hansehafen neben den vielen schmucken Bürgerhäusern aus dem 17. Jahrhundert. Einer der schönsten Plätze ist sicherlich der Fischmarkt mit seinem rekonstruierten Holztretkran, umrahmt von Kaimauern und herrlichen Fachwerkhäusern. Dort schlägt das touristische Herz der Stadt mit zahlreichen Restaurants, Cafés und Sitzplätzen am Wasser. Der Weg führt Sie weiter vorbei an dem barocken Turm der St. Cosmae-Kirche zum Rathaus, dessen gotische Kellergewölbe den großen Brand von 1659 überstanden haben. Das Rathaus selbst ist ein von der niederländischen Renaissance und vom Frühbarock geprägter Backsteinbau. Ganz in der Nähe liegt der Pferdemarkt mit dem Zeughaus aus dem 17. Jahrhundert in der Mitte.

Kunsthaus Stade
Wasser West 7
21682 Stade
T. 04141 7977320
www. museen-stade.de/kunsthaus
Di, Do, Fr 10–17 Uhr, Mi 10–19 Uhr, Sa–So 10–18 Uhr

Freilichtmuseum auf der Insel
Auf der Insel 2
21680 Stade
T. 04141 7977330
www.stade-tourismus.de
Mai–Sept. Di–Fr 10–17, Sa–So 10–18 Uhr

GREUNDIEK
Buchung unter:
Tourist-Information Stade
www.greundiek.de

Anfahrt mit dem Auto
Durch den Elbtunnel in Richtung Süden, Ausfahrt 32 (HH-Heimfeld) nehmen und der B 73 – vorbei an Buxtehude, Horneburg und Agathenburg – bis Stade folgen

Anfahrt mit öffentlichen Verkehrsmitteln
Mit der S 3 ab Hamburg Hauptbahnhof bis Stade

Das macht Spaß: Trampolinspringen auf dem Abenteuerspielplatz

Heimische Tierwelt zum Anfassen

Wildpark Schwarze Berge

Der Wildpark in den Harburger Bergen lädt zu einem ausgedehnten Ausflug ein. Besonders Familien mit Kindern kommen hier auf ihre Kosten und können wilde Tiere wie Bären, Elche und Wölfe einmal aus nächster Nähe bestaunen. Im abgegrenzten Streichel- und Freigehege lassen sich kleine Ziegen geduldig streicheln und das Damwild freudig füttern.

Über einhundert verschiedene Tierarten haben hier ihr Zuhause, darunter auch fremde aus Nord- und Südamerika. Auf dem Rundgang durch das waldige Gelände stößt man immer wieder auf nicht nur bei Kindern beliebte Angebote wie das „Show-Füttern", anschauliche Vorträge über Tiere direkt vor deren Gehege oder Greifvogel-Shows, bei denen Raubvögel mit drei Metern Flügelspannweite ebenso spektakulär wie friedlich dicht über die Köpfe der Zuschauer segeln.

Zahlreiche Aussichtstürme und der Elbblickturm bieten Ausblicke über die weite Landschaft und bis nach Hamburg.
Auf Rastplätzen für mitgebrachtes Picknick und in einer der Einkehrmöglichkeiten lässt sich der Akku schnell wieder aufladen. In der Kunsthandwerkerhalle präsentieren von Mitte März bis Ende Oktober Kunsthandwerker ihre Schätze.
Allerlei Hilfsmittel in den Parks gestalten den Ausflug für die ganze Familie angenehm: Am Eingang lassen sich Bollerwagen ausleihen, in denen der Nachwuchs und das Picknick transportiert werden können. Automaten mit Wildfutter sorgen für Nachschub beim Füttern und Spielgeräte entlang der Wege bieten immer wieder kleine Abwechslungen. Am Ende der Parkrundgänge lockt der große Abenteuerspielplatz, auf dem selbst müde gewordene Kinder noch einmal ins Toben kommen.
Die Großen können derweil im Wildpark-Restaurant bei einer Tasse Kaffee oder auf Bänken direkt vor dem Spielplatz verschnaufen.

Wildpark Schwarze Berge
Am Wildpark 1
21224 Rosengarten
T. 040 81977470
www.wildpark-schwarze-berge.de
April–Okt. 8–18 Uhr, Nov.–März 9–16.30 Uhr

Waldhaus
Am offenen Feuer in der Köhlerhütte können erworbenes oder selbst mitgebrachtes Grillgut gegrillt und verspeist und leckere Burger und Wraps genossen werden.

Futterkrippe
Der Imbiss im Eingangsbereich ist der ideale Ort um den kleinen Hunger zu stillen.

Das Wildpark-Restaurant
Auf der großen Sonnenterrasse und in klimatisierten Räumen lässt sich ganzjährig leckere Deutsche Küche genießen.

Anfahrt mit dem Auto
Durch den Elbtunnel in Richtung Süden, Ausfahrt 34 (HH-Marmstorf), dem Eißendorfer Waldweg und der Appelbütteler Straße folgen; nach circa 2,5 Kilometern links abbiegen auf die Ehestorfer Dorfstraße, dann wieder links auf Am Wildpark

Anfahrt mit öffentlichen Verkehrsmitteln
Mit der S 3 bis Harburg Rathaus, weiter mit der Buslinie 340 Richtung Ehestorf Hohlredder, die Sie in einer knappen halben Stunde direkt bis zum Wildpark bringt

Mit der Moorbahn unterwegs

Das Ahlenmoor

Was ist ein Moor? Was denken wir über das Moor? Und: Wer lebt im Moor?
Natur und Mensch stehen im Mittelpunkt dieser Entdeckungsreise ins Ahlenmoor, das etwa zwanzig Kilometer südlich von Cuxhaven liegt. Es gehört neben dem bekannten Teufelsmoor bei Worpswede mit einer Fläche von rund vierzig Quadratkilometern zu den größten Mooren Niedersachsens.
Im ehemaligen Torfwerk lädt das MoorInformationsZentrum Sie ein, mehr über die Vergangenheit und Zukunft dieser faszinierenden Natur- und Kulturlandschaft zu erfahren.
Aus der obersten Etage können Sie den Blick in die Weiten des Ahlenmoors schweifen lassen und auf einem begehbaren Luftbild des Elbe-Weser-Dreiecks von Hamburg bis Bremen die Region erkunden.
Wer trockenen Fußes durchs Moor wandern will, dem sei der Moorerlebnispfad empfohlen, ein Rundweg von rund zwei Kilometern. Startpunkt ist eine große Info-Tafel gegenüber dem Flögelner Campingplatz. Zwischen Birken, Pfeiffengras, Heidelbeeren und Wollgras wandern Sie durch verschiedene

Das MoorInformationsZentrum (MoorIZ) im alten Torfwerk ist einer der Höhepunkte des Moorerlebnisangebotes im Ahlenmoor. Eine interaktive Erlebnisausstellung lädt ein, mehr über die Vergangenheit und Zukunft der Natur- und Kulturlandschaft des Moores zu erfahren.

Landschaftsformen. An 14 Stationen erhalten Sie Informationen zu Flora und Fauna des Moores. Entwässerung, Torfabbau, Landwirtschaft und Besiedlung haben zu einem starken Rückgang der Hochmoore geführt. Die verbliebenen Reste – wozu auch das Ahlenmoor gehört – sind heute unter Schutz gestellt. Ein Segen. Der Moorerlebnispfad ist ein Ausflugsziel für die ganze Familie.
Sie wollen eine längere Strecke wandern? Dann sollten Sie sich auf den sechs Kilometer langen Moorrundweg machen, an dem zu bestimmten Terminen auch praktische Vorführungen stattfinden. Die Wanderwege sind ganzjährig frei begehbar.

Entdecken Sie das größte Hochmoor des Landkreises Cuxhaven und erfahren Sie bei einer Fahrt mit der Moorbahn Wissenswertes rund um den Lebensraum Moor. Eine Fahrt dauert circa zwei Stunden und 15 Minuten und ist ein ganz besonderes Erlebnis.

Warum wächst das Moor? Warum wurde Torf abgebaut? Gibt es wirklich Irrlichter? Was hat es mit fleischfressenden Pflanzen auf sich? Welche Vögel leben im Moor? Eine Fahrt mit der Moorbahn tief in das Innere des Naturschutzgebietes Ahlenmoor gibt Antworten auf diese Fragen. Unter fachkundiger Führung erfahren Sie an vier Haltepunkten alles Wissenswerte über den Lebensraum Hochmoor. Seltene Pflanzen und – mit etwas Glück – seltene Tierarten, die sich an einen extremen Lebensraum angepasst haben, erwarten Sie! Die Wagen sind mit Planen ausgerüstet, sodass Sie auch bei Regen trocken bleiben. Hunde dürfen nicht mit auf die Moorbahn genommen werden.

MoorInformationsZentrum
Am Hohen Kopf 3
21776 Wanna
T. 04757 8189558
www.ahlenmoor.de
Mai–Okt. tgl. 10–18 Uhr,
Nov.–April Di–So 11–17 Uhr

Preise
Erwachsene 9 €; Kinder/Jugendliche (bis 15 J.) € 3,50; Familien (bis drei Kinder) 17 €; Moorbahnfahrt 6 €; Moorpad Führung 4,50 €; Moorausstellung 1,50 €

Café-Restaurant „Torfwerk"
Am Hohen Kopf 3
21776 Wanna
T. 04757 818491
www.ahlenmoor.de
Öffnungszeiten abweichend von denen des MoorIZ

Anfahrt mit dem Auto
Über die A 1 in Richtung Bremen, Ausfahrt 47 (Sittensen), dann Richtung Bremervörde, in Glinde rechts abbiegen auf die B 495 bis Eberstorf; dort links auf die Großenhainer Straße, dieser circa 15 Kilometer folgen, dann links abbiegen Richtung Lintig und der L 119 bis Bederkesa folgen; danach rechts über Flögeln bis Am Hohen Kopf

Anfahrt mit öffentlichen Verkehrsmitteln
Ab Hamburg Hauptbahnhof mit dem RE Richtung Cuxhaven bis Otterndorf; Anrufsammeltaxi ab Otterndorf bis vor die Haustür des MoorIZ (muss vorbestellt werden)

Otto Modersohn, Hammewiesen mit Weyerberg, 1889, Öl auf Leinwand, Otto-Modersohn-Museum, Fischerhude

Hoher Himmel und weites Land

Worpswede

Wenn man sich dem Künstlerort Worpswede nähert, verändert sich unmerklich etwas in einem selbst, aber auch draußen. Es ist das Licht, das diese Landschaft verzaubert und das auch etwas mit uns macht. Dieses Unbeschreibliche hat vor mehr als 130 Jahren der Künstler Otto Modersohn treffend beschrieben. Er war fasziniert von den Kanälen und Moorgräben, den Torfkähnen, den Birkenalleen und alten Bauernhäusern. Wie wäre es, sinnierte er, überhaupt hierzubleiben, zunächst einmal bis zum Herbst?

Es war der Traum vieler Worpsweder Maler, Landschaft, Kunst und Leben miteinander zu vereinen. Mit der Gründung der Künstlerkolonie 1889 schufen sie den „Mythos Worpswede". Das Dorf im Teufelsmoor in der Nähe von Bremen wurde durch sie und vor allem durch die Malerin Paula Modersohn-Becker weithin bekannt. Sie schrieb 1897 in ihr Tagebuch: „Worpswede, Worpswede, Worpswede ... es ist ein Wunderland." Und der Dichter Rainer Maria Rilke, der 1898 den Jugendstilkünstler und späteren Sozialisten Heinrich Vogeler kennenlernte, schwärmte von einem „Himmel von unbeschreiblicher Veränderlichkeit und Größe".

Was damals die Künstler begeisterte, das fasziniert uns auch

heute noch: die Einzigartigkeit der das Dorf umgebenden Landschaft, die Weite der Hammeniederung, das geheimnisvolle Teufelsmoor.
Worpswede ist geprägt durch den 54 Meter hohen Weyerberg, die einzig nennenswerte Erhebung ringsum, die als Bildmotiv auf vielen Kunstwerken verewigt ist. Generationen von Landschaftsmalern sind dem Vorbild der Gründer der Künstlerkolonie gefolgt und der große Ruhm, den Paula Modersohn-Becker posthum erfuhr, hat schließlich Künstler aller Couleur angezogen.

Paula Moderssohn-Becker, Selbstporträt, 1906, Öltempera auf Pappe, 62 x 48 cm, Sammlung Roselius, Bremen

Touristinformation Worpswede
Bergstraße 13
27726 Worpswede
T. 04792 935820
www.worpswede-touristik.de

Worpsweder Mühle
Freunde Worpswedes e.V.
An der Mühle
27726 Worpswede
T. 04792 1277
www.freunde-worpswedes.de
1701 erbaut, seit 1998 Betrieb durch die Freunde Worpswedes e.V.

Zionskirche Worpswede
An der Kirche 5
27726 Worpswede
T. 04792 96335
www.zionskirche.net
Di, Mi, Fr 9–12 Uhr, Do 17–19 Uhr

Hoetger-Garten
Ostendorferstraße 27
27726 Worpswede
T. 04792 93310
www.worpswede-museen.de/museumsverbund/der-hoetger-garten
Mai–Okt. an jedem 3. So im Monat 14–17 Uhr
Ein von Bernhard Hoetger angelegter Skulpturengarten im Diedrichshof

Torfschiffswerft-Museum
Schlußdorfer Straße 22
27726 Worpswede
T. 04792 2575
www.torfschiffswerft-museum.de

Der frühe Ruhm der großen Malerin Paula Modersohn-Becker hatte viele Künstler erst auf das Dorf am Weyerberg aufmerksam gemacht.
So auch Bildhauer und Architekt Bernhard Hoetger, der die Malerin in Paris kennengelernt hatte. Mit ihm zog in den 1920er-Jahren der Expressionismus ins Künstlerdorf ein. Während des Nationalsozialismus drohte mehreren Worpsweder Künstlern Ausstellungsverbot.
Nach dem Zweiten Weltkrieg setzte die junge Generation neue Akzente. So ist der Ort auch heute noch ein besonderer – fußend auf der Tradition derjenigen, die einst die Künstlerkolonie gegründet haben, und den Nachfolgegenerationen, die auf ihren Spuren wandeln.

Wir haben Ihnen einmal zusammengestellt, was Sie bei Ihrem Besuch in Worpswede auf jeden Fall sehen sollten:

1. Barkenhoff/Heinrich-Vogeler-Museum
Ostendorfer Straße 10
27726 Worpswede
T. 04792 3968
www.worpswede-museum.de
Hier spielte sich um 1900 das Leben der Künstlerkolonie ab; ursprünglich ein niederdeutsches Bauernhaus, verwandelte es sich unter Heinrich Vogeler zu einem Gebäude mit Jugendstilelementen; innen und außen ein Gesamtkunstwerk.

2. Das Haus im Schluh/Heinrich-Vogeler-Sammlung
Im Schluh 35–37
27726 Worpswede
T. 04792 522
www.worpswede-museum.de

Das Wohnhaus Martha Vogelers beherbergt eine Sammlung zu Heinrich Vogeler, eine Weberei und zeigt wechselnde Ausstellungen.

3. Worpsweder Kunsthalle
Bergstraße 17
27726 Worpswede
T. 04792 1277
www.worpswede-museum.de
Seit 1919 hat Familie Netzel über mehrere Generationen eine Sammlung Worpsweder Künstler zusammengetragen. Die Kunsthallte zeigt außerdem Ausstellungen zeitgenössischer Künstler und ist heute eine Stiftung, die auch den künstlerischen Nachwuchs fördert.

4. Große Kunstschau Worpswede
Lindenallee 5
27726 Worpswede
T. 04792 1302
www.worpswede-museen.de/grosse-kunstschau
Besichtigen Sie die Sammlung der Kulturstiftung des Landkreises Osterholz, die Dauerausstellung der Alten Worpsweder Maler sowie wechselnde Ausstellungen mit Beiträgen zeitgenössischer Künstler.

5. Museum am Modersohn-Haus
Hembergstraße 19
27726 Worpswede
T. 04792 4777
www.museum-modersohn.de
Das privat geführte Museum gibt Einblick in das Wohnhaus von Paula Moderersohn-Becker und zeigt seine Sammlung zur 1. und 2. Generation der Worpsweder Maler.

6. Kaffee Worpswede
Lindenstraße 1
27726 Worpswede
Meisterwerk des Bildhauers Bernhard Hoetger, von den Einheimischen „Café Verrückt“ genannt. Das Restaurant ist zwar dauerhaft geschlossen, das Gebäude aber auch von außen beeindruckend und einen Blick wert.

7. Käseglocke
Lindenallee 13
27726 Worpswede
T. 04792 950505
Di–So 11–17 Uhr, im Winter 11–16 Uhr, Sonderöffnung an Feiertagen, Ruhezeit im Januar.
Weitere Informationen finden Sie auf der Website der Freunde Worpswedes e.V.:
www.freunde-worpswedes.de
Der Rundbau von 1926 entstand nach einem Entwurf von Bruno Taut und ist heute auch ein Museum für Worpsweder Kunsthandwerk unter der Leitung des Vereins der Freunde Worpswedes e.V.

8. Grab von Paula Modersohn-Becker
Vom Bildhauer Bernhard Hoetger geschaffen, steht eine Frauenfigur mit Kind auf dem Worpsweder Friedhof , die an das Schicksal der Künstlerin erinnert.

9. Worpsweder Bahnhof
Bahnhofstraße 17
27726 Worpswede
T. 04792 9878333
www.restaurant-worpsweder-bahnhof.de
Das Gebäude und die Inneneinrichtung wurden 1910 von Heinrich Vogeler entworfen. Gutes Restaurant. Hier Einkehren ist Pflicht.

Café Schulken
Bergstraße 26
27726 Worpswede
T. 04792 1209
www.cafe-schulken.de

Anfahrt mit dem Auto
Über die A 1 in Richtung Bremen, Ausfahrt 49 (Bockel); links abbiegen auf B 71, dann wieder links auf Alte Dorfstraße und nach 500 Meter erneut links auf die Hauptstraße. Folgen Sie nun dem Straßenverlauf über Nartum und Bülstedt bis Wilstedt. Dort biegen Sie links ab in Richtung Worpswede.

Anfahrt mit öffentlichen Verkehrsmitteln
Ab Hamburg Hauptbahnhof bis Bremen, dort umsteigen in die Buslinie 670 über Lilienthal nach Worpswede; Ausstieg an der Haltestelle Hemberg oder Insel

Fischerhude: Hausensemble im Stadtkern

Verschlafen, beschaulich, dörflich ...
Fischerhude

Während der Nachbarort Worpswede schon um das Jahr 1900 bekannt und ein beliebtes Ausflugsziel war, blieb Fischerhude nahezu unbeachtet. Nicht ganz, denn die abgeschiedene idyllische Lage inmitten der vielen Verzweigungen der Wümme zog auch damals schon die ersten Künstler an, vor allem diejenigen, die das „laute" Worpswede mieden. Auch heute ist Fischerhude ungleich „verschlafener", beschaulicher und dörflicher als Worpswede. Rund 120 Jahre nach seiner „Entdeckung" hat der Ort nichts von seiner Anziehungskraft – auch auf Künstler – verloren.

Otto Modersohn, Mitbegründer der Worpsweder Künstlerkolonie und einer der wichtigsten deutschen Landschaftsmaler, ließ sich nach dem Tod seiner berühmten Frau, Paula Modersohn-Becker, hier nieder. Zuvor hatten sich schon die Maler Heinrich Breling und Wilhelm Heinrich Rohmeyer in Fischerhude angesiedelt. Zusammen mit Clara Rilke-Westhoff, dem Schriftsteller Dietrich Speckmann und der Bildhauerin Amelie Breling entwickelte sich der

in Baumreihen aus alten Erlen und Eichen eingebettete Flecken ebenfalls zu einem Rückzugsort für „Lebenskünstler“.
Noch heute erinnern die vielen alten Bauernhöfe an ihre gut situierten Vorbesitzer, die durch Aal- und Heuernten zu einem gewissen Wohlstand gelangten. Wie in alten Zeiten herrscht in dieser von Moor, Geest, Wald, Heide und Dünen geprägten Landschaft auch in unserem hektischen Zeitalter Stille, Ruhe und Gelassenheit.
Was tun? Einfach die einmalige Atmosphäre dieses außergewöhnlichen Ortes genießen. An der Wümme sitzen und dösen. Kunstausstellungen besuchen oder in den schönen Läden stöbern und nicht zuletzt an das leibliche Wohl denken.

Sehenswürdigkeiten
Im Ortsteil Quelkhorn steht auf dem Gelände des Parzival-Hofes auf dem Mühlenberg eine sorgfältig restaurierte Galerieholländer Windmühle aus dem Jahr 1880.

Haus Berkelmann
Zum Dieker Ort 13
28870 Ottersberg OT Fischerhude
T. 04293 344
www.haus-berkelmann.de
Mitten in Fischerhude. Hervorragende regionale Küche. Besonders schön sind das Kaminzimmer und das Bremer Zimmer. Mit Garten

Körbers Gasthof
Im Krummen Ort 1
28870 Fischerhude
T. 04293 461
www.koerbersgasthof.de
Traditionsreiches Haus mit regionaler Küche. Terrasse mit Blick ins Grüne

Puppencafé im Eichenhof
Kirchstr. 10
28870 Fischerhude
T. 04293 787969
www.puppencafe.de
Mo–Sa 9–18 Uhr, So 10–18 Uhr
„Erste Sahne“ vom Frühstück bis zum Kuchenbuffet

Anfahrt mit dem Auto
Über die A 1 bis Ausfahrt 50 (Stuckenborstel); danach Richtung Ottersberg, von dort über die L 154 und die Quelkhorner Landstraße weiter bis Fischerhude

Anfahrt mit öffentlichen Verkehrsmitteln
Ab Hamburg Hauptbahnhof nach Bremen, von dort RB nach Sagehorn, umsteigen, von Oyten-Sagehorn mit dem Bus nach Fischerhude

Das Otto-Modersohn-Museum befindet sich in einer Fachwerkscheune von 1769.

Inmitten der Fischerhuder Wümmewiesen liegt das Otto Modersohn-Museum. Das Ausstellungsgebäude hat sich seit der Eröffnung im Jahr 1974 zum beliebten Ausflugsziel für Kunstinteressierte etabliert und beherbergt Werke aus dem Besitz der Familie Modersohn sowie diverse Sonderausstellungen.

Otto Modersohn-Museum
In der Bredenau 95
28870 Ottersberg
T. 04293 328
www.modersohn-museum.de
tgl. 10–18 Uhr, geschlossen am 24., 25., und 31.12.

Im Buthmannshof werden die Werke von Künstlerinnen und Künstlern aus Fischerhudes Vergangenheit und Gegenwart gezeigt.

Kunstverein Fischerhude im Buthmannshof e. V.
Im Krummen Ort 2
28870 Fischerhude
T. 04293 786676
www.kunstverein-fischerhude.de

Das Rilke-Haus wurde 1917–1919 gebaut und war Wohnhaus und Atelier seiner Ehefrau, Clara Rilke-Westhoff, Malerin und Bildhauerin. Sie bewohnte es bis zu ihrem Tod 1954.

In unmittelbarer Nähe zur Kirche, am Cato-Bontjes-van-Beek-Weg, steht im Zentrum Fischerhudes seit über 400 Jahren der Tietjenhof, einer der 18 alteingesessenen Bauernhöfe des Ortes. In dem großen Bauernhaus ist seit 1934 das Museum und Heimathaus Irmintraut untergebracht, in dem u. a. Brauchtumsgegenstände und Trachten zu sehen sind.

Heimathaus Irmintraut
Kirchstraße 2
28870 Fischerhude
T. 04293 7186
www.landkreis-verden.de

Heute befindet sich im Rilke-Haus ein Café mit Sommergarten und Blick auf einen Nebenarm der Wümme.

Café im Rilke-Haus
In der Bredenau 81
28870 Fischerhude
T. 04293 1385
www.cafe-im-rilke-haus.de

Ein Gesamtkunstwerk: die Kunststätte Bossard. Hier verwirklichten Johann Michael Bossard und seine Frau Jutta Bossard-Krull ihren Traum von der Einheit von Kunst, Natur und Leben.

Lebenstraum in der Nordheide

Kunststätte Bossard

Wer mal was wirklich Ungewöhnliches sehen will, den sollte es hinausziehen an den nördlichen Rand der Lüneburger Heide. Heute würde man die Kunststätte Bossard und deren Schöpfer als „völlig verrückt" im positiven Wortsinn bezeichnen. In der Abgeschiedenheit dieser Landschaft entstand zwischen 1911 und 1950 eine einzigartige Anlage. Auf einem drei Hektar großen Heidegrundstück zwischen Jesteburg und Lüllau, mitten im Wald gelegen, verwirklichte das Künstlerehepaar Johann Michael Bossard (1874–1950) und Jutta Bossard-Krull (1903–1996) seinen Traum der Einheit von Kunst und Leben. In vier Jahrzehnten schufen sie zusammen über 5000 Kunstwerke und vereinten Architektur, Bildhauerei, Malerei, Kunstgewerbe und Gartenkunst zu einem der wenigen erhaltenen Gesamtkunstwerke Europas.

Dabei wurden nicht nur die verschiedenen Stile der Zeit aufgegriffen, sondern auch unterschiedliche und moderne Materialien verwendet.

Heute ist die Kunststätte Bossard ein einzigartiger Ort, an dem expressionistische Wandmalerei und Raumausstattung im ursprünglichen Zusammenhang erhalten geblieben sind. Zu sehen sind Ausstellungen im Neuen Atelier, der Kunsttempel sowie der Eddasaal und das Urgebraus im Wohn- und Atelierhaus.
Im Konzept der Kunststätte spielt die Gartenanlage eine wichtige Rolle. Sie erfüllte als Ort von Obst- und Gemüseanbau, Nutztierhaltung und Ackerbau ein zentrales inhaltliches Anliegen der Bossards: das unmittelbare Erleben von traditioneller Landwirtschaft und Natur als Alternative zur städtischen Lebensweise in der Zeit der Industrialisierung.
Die Kunststätte bietet jedes Jahr ein lebendiges Ausstellungs- und Veranstaltungsprogramm an mit Führungen, Kreativkursen und Sonderveranstaltungen wie Open-Air-Konzerten. Bei Kreativkursen haben Kinder, Jugendliche und Erwachsene die Möglichkeit, ein Erholungsangebot wahrzunehmen, in dem sich Naturerlebnis, Kunstgenuss und eigene Kreativität miteinander verbinden.

Stiftung Kunststätte Johann und Jutta Bossard
Bossardweg 95
21266 Jesteburg
T. 04183 5112
www.bossard.de
Nov.–Feb. So 11–16 Uhr,
März–Okt. Mi–So 11–18 Uhr,
zusätzlich Ostermontag und Pfingstmontag, geschlossen: 24. und 25.12., 31.12. und 1.1.

Café im Hof
Öffnungszeiten siehe:
www.bossard.de

Anfahrt mit dem Auto
A 1 in Richtung Süden bis Ausfahrt 42 (Dibbersen). Ab hier ist die Kunststätte mit braunen Hinweisschildern ausgeschildert.

Anfahrt mit öffentlichen Verkehrsmitteln
Ab Bahnhof Harburg oder Buchholz mit Bussen des HVV oder mit dem kostenlosen Heide-Shuttle-Bus (Linie 3)

Der Totengrund, ein etwa dreißig Hektar großer Talkessel am Rande des Wilseder Bergs

Wenn die Heide blüht ...

Wilsede und Bispingen

Inmitten des Naturschutzgebietes Lüneburger Heide liegt der idyllische und autofreie Heideort Wilsede, den Besucher nur zu Fuß, mit dem Fahrrad oder auf einer Kutsche erreichen können. Mit seinen alten, geschichtsträchtigen Bauwerken gleicht der historische Ort einem lebendigen Museumsdorf.

Wilsede wurde erstmals 1287 erwähnt. Im 16. Jahrhundert bestand der Flecken nur aus vier Bauernhäusern, im 20. Jahrhundert sind einige weitere Häuser errichtet worden. Vor allem im Sommer wird dieser beschauliche 40-Seelen-Ort zu einem wahren Tourismusmagneten. Im August zur Heideblüte sind es bis zu 10 000 Besucher pro Tag. Das Heidemuseum „Dat ole Hus" ist eines der ältesten Freilichtmuseen Deutschlands. Hier können Sie hautnah erleben, wie die Heidebauern noch um die Jahrhundertwende lebten und arbeiteten. Der 1742 erbaute, in Teilen aber noch deutlich ältere Hof wurde 1907 von Hanstedt in der Nordheide nach Wilsede versetzt.

Im Heidemuseum „Dat ole Huus“ in Wilsede wird das Leben und Wirken der Heidebauern um 1900 anschaulich dargestellt. Anhand historischer Gebäude lässt sich in Wilsede viel über das frühere Alltagsleben der Heidebauern erfahren.

Im Eigentum des „Vereins Naturschutzpark“ befindet sich der ursprünglich 1609 erbaute „De Emhoff“, ein in Holzbauweise errichtetes Dachbalken-Zweiständerhaus. Es ist eines der ältesten erhaltenen Bauernhäuser in der Lüneburger Heide.
Ganz in der Nähe von Wilsede liegt im Zentrum des Naturschutzgebietes Lüneburger Heide der 169 Meter hohe Wilseder Berg, von dem sich bei klarer Sicht herrliche Ausblicke in die weite Heidelandschaft und auf die Türme von Lüneburg und Hamburg eröffnen. Das „Wilseder-Berg-Massiv“ bildet die Wasserscheide zwischen Elbe, Weser und Aller.

Bispingen Touristik e.V.
Bahnhofstraße 19
29646 Bispingen
T. 05194 9879690
www.bispingen-touristik.de

Verein Naturschutzpark e.V. (VNP)
Niederhaverbeck 7
29646 Bispingen
T. 05198 987030
www.verein-naturschutzpark.de

Greifvogel-Gehege
An der Bundesstraße 209
(zwischen Lüneburg und Soltau)
29646 Bispingen
T. 05194 7888
www.greifvogel-gehege.de

Luhetalbad
Trift 19
29646 Bispingen
T. 05194 974239
www.ihr-stadtwerk.de

Eines der ältesten erhaltenen Bauernhäuser in der Lüneburger Heide: „De Emhoff"

Gemeinsam mit dem Wilseder Berg zählt der Totengrund zu den bekanntesten Plätzen im Naturschutzgebiet Lüneburger Heide. Bereits Anfang des 20. Jahrhunderts lockte die reizvolle Region zahlreiche Besucher an. Zum Schutz der wertvollen Heidelandschaft darf der Totengrund, dem die Heidebauern einst den Namen Toter Grund verliehen, selbst nicht betreten werden. Von einer Aussichtsplattform können Sie einen guten Überblick über den mit Heide und Wacholdern bewachsenen Talkessel erhalten. Am oberen Rand des Tals führen einige Wanderwege entlang, unter anderem die Rundwanderwege Behringen, Ober- und Niederhaverbeck. Sie können den Totengrund aber auch mit dem Fahrrad oder mit der Kutsche erreichen.

Naturfreunde, Wanderer und Freizeitsportler finden rund um den Wilseder Berg ideale Bedingungen zum Radfahren, Wandern oder Nordic-Walking. Erleben Sie die Schönheit der Heideblüte und genießen Sie herrliche Heidelandschaft bei einer Kutschfahrt oder schauen dem Schäfer bei der Arbeit zu. Besonders beliebt ist bei Wanderern der Heidschnuckenweg, der über 223 Kilometer vom Bahnhof Neugraben-Fischbek durch die Lüneburger Heide und Bispingen zum Schloss in Celle führt.

Tipps

Wie wäre es mit einer romantischen Übernachtung in Wilsede? Näher können Sie an diese einmalig schöne Region kaum herankommen. Genießen Sie die Heide bei Tag und bei Nacht. Im Gästehaus Domizlaff, einem urigen Fachwerkhaus, stehen acht Doppelzimmer und vier Einzelzimmer preisgünstig zur Auswahl. Zudem gibt es u. a. die Kote Hillmer und die Kote Rieckmann, die sich besonders für Familien oder Gruppen anbieten. Für die An- und Abreise dürfen Sie Ihr Auto benutzen.

Gästehaus Domizlaff
Conventshaus (Kote Rieckmann), Maetzighaus (Kote Hillmer)
Infos über:
Gasthaus „Zum Heidemuseum"
Wilsede 9
29646 Bispingen/Wilsede
T. 04175 217
www.zum-heidemuseum.eu
Inmitten des Naturschutzparks gelegen. Historisches Ambiente. Natur und Gastlichkeit pur

Heide-Kastell Iserhatsche
Nöllestraße 40
29646 Bispingen
T. 05194 1206
www.iserhatsche.de
Landschaftspark mit Jagdvilla, Miniaturdarstellung des Schlosses Montagnetto mit eingebautem Vulkan, Barockgarten u.v.m.

Iserhatsche ist ein 23 Hektar großer Landschaftspark in der Gemeinde Bispingen mit teilweise skurrilen Sehenswürdigkeiten und über hundert Sammlungen mit Guinness-Weltrekorden.

Dat ole Hus
Wilsede 3a
29646 Bispingen
T. 04175 8092933
www.stiftung-naturschutzpark.de

Milchhalle in Wilsede
Wilsede 10A
29646 Bispingen
T. 04175 802932
www.verein-naturschutzpark.de

Albers' Rosenhof Hofcafé
Rosenhof 3
29646 Bispingen-Behringen
T. 05194 7164
www.albers-rosenhof.de
Traditioneller Reiterhof mit Hofcafé und Gästeunterkünften. Mit Sonnenterrrasse und Blick auf den See

Café-Restaurant „Seeterrasse"
Uhlenstieg 13
29646 Bispingen-Behringen
T. 05194 1400
www.seeterrasse.de
Ideales Ausflugsziel direkt am schönen Brunausee

Anfahrt mit dem Auto
Über die A 7 bis Ausfahrt 43 (Bispingen), Hinweisschildern bis Bispingen oder Wilsede folgen

Anfahrt mit öffentlichen Verkehrsmitteln
Ab Hamburg Hauptbahnhof bis Buchholz (Nordheide), danach Buslinie 4631 Richtung Undeloh. Weiter bis Wilsede geht's nur zu Fuß, mit dem Fahrrad oder mit der Kutsche.

Wie im Bilderbuch: Heidschnucken und ein kopfsteingepflasterter Weg

Historischer Ort inmitten der Heide

Undeloh/Lüneburger Heide

Inmitten des über 100 000 Hektar großen Naturparks Lüneburger Heide liegt das 800 Jahre alte Dörfchen Undeloh. Viele gemütliche Gasthäuser und Cafés mit speziellen Heidjergerichten sowie reetgedeckte Hof- und Bauernhäuser, Pferdekutschen und drei historische Schafställe prägen das Flair des Ortes.
Auch die aus dem 12. Jahrhundert stammende Magdalenenkirche mit frei stehendem Glockenturm und lebensgroßem romanischen Kruzifix sowie das alte Rauchhaus „Hoyers Hus“ von 1690 sind einen Besuch wert.
Ein besonderer Magnet für Groß und Klein bildet das Heide-ErlebnisZentrum des Vereins Naturschutzpark. Dort wird multimedial und erlebnisorientiert alles Wissenswerte über die Heide, ihre Geschichte, Kultur und Ökologie vermittelt. Unter anderem erzählen alte Heidebauern, Schäfer und Imker von ihrer Arbeit.
Direkt an Undeloh grenzen die größten zusammenhängenden Heideflächen Mitteleuropas an.

Wanderweg durch blühendes Lila: Rund um Undeloh ist die durch Waldrodung entstandene Heidelandschaft besonders gut erhalten.

Unmittelbar eröffnet sich die landschaftliche Vielfalt mit freien Höhenrücken, den heidetypischen Wacholdern, Bachläufen, Mischwäldern, kleinen Moorgebieten und bronzezeitlichen Hügelgräbern. Der Ort ist der ideale Ausgangspunkt für die Erkundung der Schönheiten dieser Landschaft. Ob auf den bezeichneten Rundwegen verschiedener Länge, auf dem sieben Kilometer langen Heidelehrweg oder auf weiteren Strecken – für jeden Anspruch bietet das Wanderwegenetz vielfältige Möglichkeiten und Attraktionen. Verschiedene Wander-, NordicWalking-, Rad- und Reitrouten-Karten hält die Touristinformation Undeloh für Sie bereit.

Naturpark Lüneburger Heide
www.naturpark-lueneburger-heide.de

Touristinformation Undeloh
Zur Dorfeiche 27
21274 Undeloh
T. 04189 333
www.undeloh.de

Heide-ErlebnisZentrum Undeloh
Wilseder Straße 23
21274 Undeloh
T. 04189 818648
www.heide-erlebniszentrum.de
Ganzjährig 10–17 Uhr, Eintritt frei

Teestube Undeloh
Zur Dorfeiche 15
21274 Undeloh
T. 04172 7431
www.teestube-undeloh.de
Fr–So 12–20 Uhr

Hotel Heiderose
Wilseder Straße 13
21274 Undeloh
T. 04189 311
www.hotel-heiderose.de

Anfahrt mit dem Auto
Auf der A 7 bis Ausfahrt 40 (Garlstorf), rechts auf die Hanstedter Landstraße und die Straße Wildpark für circa drei Kilometer; links ab auf die Rotdornstraße, hinter Schätzendorf erneut links und der Straße Im Sahrendorf bis Undeloh folgen

Anfahrt mit öffentlichen Verkehrsmitteln
RE in Richtung Bremen bis Buchholz (Nordheide), dann die Buslinie 4631 Richtung Undeloh nehmen

Das historische Rathaus am Marktplatz gilt mit seiner über 700-jährigen Baugeschichte und seinen zahlreichen prachtvollen Sälen und Räumen als eines der schönsten und bedeutendsten Rathäuser Norddeutschlands.

Die Heidehauptstadt

Lüneburg

Seit 2006 ist Lüneburg Drehort der beliebten Telenovela „Rote Rosen“. In mehr als 2800 Folgen wurde in der erfolgreichen Serie geliebt und gelitten, ein Ende ist nicht in Sicht. Und mittendrin: Lüneburg. Die Heidehauptstadt trägt so ihren Teil zum Erfolg des TV-Dauerbrenners um Liebe, Macht und Intrigen bei. Als Schauplätze dienen das Wasserviertel mit der Brausebrücke und dem Hafen sowie die Kneipenmeile „Am Stintmarkt“ und die westliche Altstadt mit ihren vielen kleinen mittelalterlichen Gassen. Nicht nur während der Außenaufnahmen in Lüneburg kann man die Schauspieler bei ihrer Arbeit beobachten und die Dreharbeiten hautnah miterleben. Der ein oder andere Darsteller ist auch während eines privaten Einkaufsbummels in der Lüneburger Innenstadt oder bei einem Latte Macchiato in einem der zahlreichen gemütlichen Lüneburger Cafés anzutreffen.

Das über 1063 Jahre alte Lüneburg mit seinem geschlossenen, mittelalterlichen Stadtbild gilt als eine der schönsten Städte Norddeutschlands.
Das Besondere an der Hansestadt, deren wichtigstes Gut das Salz war, ist der reizvolle Kontrast zwischen alten Stadtansichten und jungem pulsierenden Leben.
Überall im Zentrum begegnet dem Besucher natürlich auch die Geschichte, denn der Salzstock, der der Stadt Reichtum und Ansehen brachte, lag direkt unter der Altstadt. Das besonders feine Kochsalz wurde über Lübeck in die Welt verschifft. Durch den Handel mit dem „weißen Gold", das damals für die Vorratshaltung unentbehrlich war, gelangte viel Geld in die Stadt. Von der stolzen Vergangenheit zeugen noch heute die prächtigen Giebelhäuser, die man besonders rund um dem Platz Am Sande bewundern kann.
Imposant ist auch die fünfschiffige Backsteinhallenkirche St. Johannis, auf deren Barockorgel einst Johann Sebastian Bach spielte, das Alte Rathaus am Markt, der Hafen mit dem berühmten Kran, dem historischen Kaufhaus und dem Stintmarkt.

Tourist-Information Lüneburg
Rathaus/Am Markt
21335 Lüneburg
T. 0800 2205005
www.lueneburg.info

Mitbringsel
Nicht nur die klassischen Souvenirs erhalten Sie in der Lüneburger Tourist-Information, sondern auch kulinarische Grüße wie leckere Schokoladen, salzige Stint-Bonbons und vieles mehr.
Schokothek
Enge Straße 1
21335 Lüneburg
T. 04131 7575988
www.schokothek.de

Schietwetter-Tipp
Niemand muss bei schlechtem Wetter im Regen stehen. Erlebenswert ist das 2018 wiedereröffnete Ostpreußische Landesmuseum. Neben seinen wechselnden Sonderausstellungen bietet das Haus eine neugestaltete Dauerausstellung: Erforschen Sie Bernstein im hauseigenen Labor, spähen Sie vom Hochsitz in die weiten Wälder des ehemaligen Ostpreußens, entdecken Sie die Hansezeit und lernen Sie die berühmten Trakehner-Pferde kennen.
Ostpreußisches Landesmuseum
Heiligengeiststraße 38
21335 Lüneburg
T. 04131 759950
www.ostpreussisches-landesmuseum.de
Di–So 10–18 Uhr

Der Alte Kran aus dem 14. Jahrhundert wurde zum Verladen von Salz und anderen Gütern genutzt. Die letzte Last wurde 1840 an Land gehoben: eine Lokomotive für die Braunschweig-Vienenburger Bahn, die zuvor über den Wasserweg von England bis nach Lüneburg gekommen war.

Trendige Geschäfte, unzählige gemütliche Kneipen und eine quirlige Studentenszene geben der Stadt heute ihr junges Gesicht. Unter den charakteristischen historischen Giebeln wirken Kreativschmieden. Zahlreiche gut sortierte Einzelhandelsgeschäfte mit breitem Sortiment in der verkehrsberuhigten Innenstadt laden zum gemütlichen Shoppen ein. Innenstadtnahes Parken, Cafés und Bistros sowie eine einzigartige Atmosphäre inmitten historischer Giebelhäuser und mittelalterlicher Gassen machen das Flanieren und Einkaufen zu einem wahren Vergnügen. An warmen Tagen entwickelt Lüneburg ein fast mediterranes Flair. Von der urigen Kneipe über die schicke Bar bis hin zum Sterne-Restaurant ist alles dabei. Lüneburg wird seinem Ruf als Gastronomiehochburg gerecht: Ob in den zahlreichen Brauhäusern, auf den am Wasser gelegenen Terrassen am Stintmarkt mit dem Alten Kran und den über die Ilmenau ragenden, jahrhundertealten Häusern, wo früher das Salz verladen wurde.

Rundgang durch Lüneburg

Erleben Sie die einzigartigen Stadt- und Erlebnisführungen

durch die Salz- und Hansestadt Lüneburg. Die ausgebildeten und fachlich qualifizierten Stadtführerinnen und Stadtführer nehmen Sie mit auf eine Reise in vergangene Zeiten. Entdecken Sie die schönsten Ecken der mittelalterlichen Stadt und erfahren Sie mehr über die Blütezeit der Hanse oder wandeln Sie auf den Spuren der ARD-Serie „Rote Rosen". Selbstverständlich können auch Führungen für Einzelpersonen oder Gruppen gebucht werden (www.lueneburg.info).

Der besondere Tipp
Die alten Salinengelände und Produktionsanlagen, erstmals 956 erwähnt und bis 1980 in Betrieb, bilden die Grundlage des Deutschen Salzmuseums. Man erfährt hier nicht nur etwas über die Geschichte Lüneburgs, sondern auch, in welchem Ansehen Salz bei anderen Völkern der Erde steht und für wie viele Produkte es als Bestandteil unentbehrlich ist. Ein Museum zum Anfassen, Fühlen und „Be-Greifen".

Deutsches Salzmuseum
Sülfmeisterstraße 1
T. 04131 45065
www.salzmuseum.de
Mo–Fr 9–17 Uhr, Okt.–April 10–17 Uhr, Sa und So 10–17 Uhr

Kinderprogramm
Viele Reit- und Ponyhöfe bieten in der Nähe von Lüneburg geführte Touren an.

Ferienanlage Böttcher Hof
Osterehlbeck 5
21385 Ehlbeck
T. 04132 351
www.boettcher-hof.de

Forsthaus Tiergarten
Am Tiergarten 1
21337 Lüneburg
T. 04131 79423
www.forsthaus-tiergarten.de
Die Reitanlage durch „Rote Rosen" bekannt, mit Forsthaus, Koppeln und Reithalle

Friedas am Wasserturm
Am Wasserturm 15
21335 Lüneburg
T. 04131 6039391
www.friedas-am-wasserturm.de
Umarmt von zwei Wahrzeichen der Stadt, dem Wasserturm und der St. Johanniskirche, verwöhnt das Restaurant mit regionalen, frischen Köstlichkeiten.

Mälzer Brau- und Tafelhaus
Heiligengeiststraße 43
21335 Lüneburg
T. 04131 47777
www.maelzerbrauhaus.de
Selbstgebraute Biere und deftige Speisen in historischer Kulisse

Röhms Deli
Heiligengeiststraße 30
21335 Lüneburg
T. 04131 24160
www.roehmsdeli.de
Sternekoch Michael Röhm: hochklassige Gastronomie zu angemessenen Preisen

Viscvle Kitchen & Bar
Salzstraße am Wasser 4
21339 Lüneburg
T. 04131 2840395
www.viscvle.de
Im historischen Viskulenhof; modernes Restaurant mit umfangreicher Speisen- und Getränkekarte. Lecker!

Hotel Bremer Hof
Lüner Straße 12–13
21335 Lüneburg
T. 04131 2240
www.bremer-hof.de
Seit 1889 Gastgeber im Wasserviertel

Hotel Einzigartig – das kleine Hotel im Wasserviertel
Lünertorstraße 3
21335 Lüneburg
T. 04131 4006000
www.hoteleinzigartig.de
3-Sterne-Haus in Lüneburgs Innenstadt; das dazugehörige Restaurant lockt mit hausgemachten, frischen Speisen.

Kloster Lüne mit seinem Textilmuseum zählt zu den schönsten und ältesten Sehenswürdigkeiten in Lüneburg. Nur eine Viertelstunde Fußweg vom Zentrum entfernt finden Sie den noch heute erhaltenen mittelalterlichen Komplex, eingebettet in weitläufige Gartenanlagen. Sehenswert sind der Kreuzgang, die Brunnenhalle und die Klosterkirche von 1410 mit Barockorgel, gotischem Altaraufsatz und Nonnenchor. Das „Café im Kloster“ mit seiner reizvollen Ausmalung von 1648 lädt zum Verweilen ein wie auch bei schönem Wetter der Kaffeegarten an der Streuobstwiese.

Kloster Lüne mit Textilmuseum
Am Domänenhof
21337 Lüneburg
T. 04131 52318
www.kloster-luene.de
April–Okt. Di–So (Kloster nur mit Führung, Dauer circa eine Stunde), Führungstermine und genaue Öffnungszeiten finden Sie auf der Homepage.

Die malerische Westliche Altstadt war das Viertel der Handwerker und des kleineren Bürgertums. Entsprechend bescheidener sind die Häuser hier gebaut, jedoch nicht minder fazinierend. Dank des Engagements des Arbeitskreises Lüneburger Altstadt konnte eine Vielzahl der Häuser vor dem Verfall oder Abriss gerettet und saniert werden.

Sehenswert in Lüneburg
sind das Alte Rathaus, der Platz Am Sande, die Amtsmühle und Lüner Mühle, die Ratsapotheke, der Alte Kran am Hafen/Stintmarkt, das Alte Kaufhaus, das Brömsehaus, das Heinrich Heine Haus, die Industrie- und Handelskammer, der Libeskind Bau (Leuphana Universität), die Ratswasserkunst und der Wasserturm sowie die drei Kirchen St. Johannis, St. Nicolai und St. Michaelis.

Sehenswert in der Umgebung
und einen Abstecher wert sind der Dom sowie die Windmühle in Bardowick.

Bed and Breakfast SahaRa
Reitende Diener Straße 3
21335 Lüneburg
T. 04131 4005099
www.sahara-bed-and-breakfast-lueneburg.de
Frühstückspension mit Charme in einem denkmalgeschützten Haus von 1720

ANNO 1433
Neue Sülze 24
21335 Lüneburg
T. 04131 6036400
www.anno-1433.de
Das ehemalige Patrizierhaus aus dem Jahr 1433 wurde liebevoll saniert und restauriert und 2016 als familiär geführtes Hotel mit zwölf großzügigen Zimmern eröffnet.

Hotel und Restaurant Zum Roten Tore
Vor dem Roten Tore 3
21339 Lüneburg
T. 04131 43041
www.zumrotentor.de
Das kleine, efeuberankte Hotel liegt mitten in der Innenstadt von Lüneburg. Bereits seit drei Generationen bewirtet die Familie ihre Gäste in dem Betrieb mit Tradition.

Anfahrt mit dem Auto
Von Norden über die A 7 oder A 1, danach über die A 39 nach Lüneburg; alternativ über die B 5 nach Geesthacht und dann über die B 404 und B 4 nach Lüneburg

Anfahrt mit öffentlichen Verkehrsmitteln
Stündlich ab Hamburg Hauptbahnhof mit dem IC (35 Minuten) oder mit dem RE

Das Schiffshebewerk Scharnebeck ist Teil des Elbe-Seitenkanals. Es bietet modernen Frachtschiffen die Möglichkeit, einen Höhenunterschied von 38 Metern zu überwinden.

Der weltweit größte Riesenfahrstuhl

Schiffshebewerk Scharnebeck

Der Elbe-Seitenkanal, von Heidjern liebevoll auch Elbe-Suez-Kanal genannt, verbindet die Elbe mit dem Mittellandkanal. Er ermöglicht die Umfahrung der fahrtechnisch schlechten und von wechselnden Wasserständen beeinflussten Elbstrecke zwischen Lauenburg und Magdeburg und verkürzt über die Oststrecke des Mittellandkanals die Entfernung zwischen diesen Orten sogar noch um 33 Kilometer.

Auf der Strecke müssen 61 Meter Höhenunterschied überwunden werden. 23 Meter werden von einer Schleuse bei Uelzen überbrückt, die restlichen 38 Meter übernimmt das 1974 erbaute Schiffshebewerk in Scharnebeck, das als das größte Europas gilt. Hinter diesem technischen Wunderwerk verbirgt sich ein mächtiger Fahrstuhl, der in zwei riesigen, circa hundert Meter langen Wassertrögen Fracht- und Sportschiffe aus der flachen Elbmarsch auf den Geestrücken der Lüneburger Heide hebt. Für die Durchfahrt benötigt ein Schiff 15 Minuten.

Mehr als 500 000 Gäste kommen jedes Jahr, um sich dieses grandiose technische Schauspiel anzusehen. Ein besonderes Ereignis ist es, den Hebevorgang selbst in einem Fahrgastschiff zu erleben – Weitblick über die Elbmarsch und Geest inklusive.
Eine Führung durch die Betriebsanlage des Schiffshebewerks ist leider nicht möglich. Der Besucher kann jedoch von zwei Plattformen aus, die ganzjährig rund um die Uhr geöffnet sind, das Ein- und Auslaufen der Schiffe in die Hebewerksanlage aus nächster Nähe beobachten.
Das Betreten der Besucherplattformen ist kostenlos.
Eine Ausstellungshalle direkt nebenan versorgt Sie mit allen Informationen rund um das Schiffshebewerk.

In Scharnebeck selbst

sollten Sie sich die „Domäne" ansehen. Das älteste Gebäude des Ortes stammt aus dem Jahr 1510 und diente als Speicher des ehemaligen Zisterzienserklosters. Heute ist es ein Veranstaltungszentrum mit einem lebendigen kulturellen Programm.

Domäne Scharnebeck
Mühlenstraße 3
21379 Scharnebeck
www.scharnebeck.de

Tourist-Info Scharnebeck
Marktplatz 1
21379 Scharnebeck
T. 04136 90721
www.scharnebeck.de
Infos zu Besuchen, Gruppenführungen, Schifffahrt, Restaurants, Anmeldung etc. unter:
T. 0170 2470910
www.schiffshebewerk-scharnebeck.de

Schifffahrten durchs Hebewerk
Reederei Helle
Elbstraße 117
21481 Lauenburg/Elbe
T. 04153 592848
www.reederei-helle.de

Café und Restaurant Rusticus
Adendorfer Str. 44
21379 Scharnebeck
T. 04136 400
www.restaurant-rusticus.com
Neben klassischer Karte auch leichte Bistroküche mit regionalen Zutaten. Große Außenterrasse

Anfahrt mit dem Auto
Über die A 1 und A 39 Richtung Lüneburg, Ausfahrt Richtung Scharnebeck nehmen, rechts auf die Erbstorfer Landstraße; in Scharnebeck im Kreisverkehr die dritte Ausfahrt (Adendorfer Straße) nehmen

Anfahrt mit öffentlichen Verkehrsmitteln
Mit dem RE oder IC nach Lüneburg, dann mit der Buslinie 5110 Richtung Neetze und in Scharnebeck, Schulzentrum aussteigen. Von dort sind es der Adendorfer Straße folgend noch circa zehn Minuten zu Fuß.

Wo der Osten oben ist

Die Ebstorfer Weltkarte

Mitten in der Lüneburger Heide liegt ein beschauliches Örtchen, das geprägt wird durch seine bäuerliche Struktur, die einladende Umgebung mit ausgedehnten Wäldern und einer hügeligen Landschaft, die zum Wandern und Spazierengehen optimale Bedingungen bietet. Aber nicht nur deshalb ist Ebstorf bekannt. Die gut 5000 Einwohner zählende Gemeinde ist sogar weltberühmt, denn allein die vermutlich hier angefertigte Weltkarte aus der Zeit um 1300 ist eine Reise wert.

Zwar ist heute nur eine Nachbildung der 3,6 Meter im Durchmesser großen Rundkarte aus ursprünglich dreißig Pergamentblättern zu bewundern, da aber das während eines Luftangriffs auf Hannover 1943 verbrannte Original mit seinen 2300 Text- und Bildeinträgen als größte und umfangreichste Weltkarte aus dem Mittelalter gilt, lohnt sich auch ein Besuch der gelungenen Reproduktion dieses Meisterwerks. Es ist beeindruckend, vor diesem riesigen Faksimile zu stehen und die Welt zu studieren, wie man sie sich um 1300 vorstellte.

Absicht des Urhebers war es nicht, ein korrektes Abbild der

Auf der Karte wird das Rund der Erde so dargestellt, dass der Osten – mit dem Paradies – oben ist, Jerusalem im Zentrum und Europa in der linken unteren Ecke.

Welt zu zeigen, sondern das historische, mythologische und theologische Wissen seiner Epoche widerzuspiegeln.

Verbinden lässt sich die Besichtigung dieses faszinierenden „Weltbildes“ mit dem Besuch des um 1160 von Prämonstratensermönchen gegründeten Klosters. Nach einem Brand gingen die Mönche nach Ratzeburg, um am Bau des Ratzeburger Doms mitzuwirken. Kurze Zeit später kamen Benedektinerinnen aus dem Kloster Walsrode auf Betreiben der Graftentochter von Bode und bauten das Kloster wieder auf. Erstmals urkundlich erwähnt wurde das Kloster 1197. Bald darauf entwickelte sich Ebstorf zu einem Marienwallfahrtsort.

Denn neben der Weltkarte zählt die aus der Zeit der Wallfahrten stammende thronende Madonna auf dem Nonnenchor, in deren rückwärtigem Schrein das heilige Öl der Märtyrer als Reliquie gefunden wurde, zu den besonderen Kunstschätzen des Klosters. Die heutigen Klostergebäude stammen überwiegend aus dem 14. und 15. Jahrhundert. Sie werden von Konventualinnen bewohnt, die auch durch die Kirche (ebenfalls sehenswert) und das Kloster mit seiner berühmten Sehenswürdigkeit führen. Drei besondere Wege der Besinnung zwischen vier und sieben Kilometern verbinden das Kloster seit ein paar Jahren mit den Heidedörfern drumherum und laden ein, Wanderung mit Klosterbesuch zu verbinden. Der Klosterflecken Ebstorf liegt im wunderschönen Tal der Schwienau. Sehr zu empfehlen ist der Besuch zur Spargelernte (unbedingt direkt beim Bauern einkaufen!), zur Kartoffelblüte (die Heidekartoffeln sind besonders schmackhaft) sowie im Spätsommer zur Heideblüte – nur 15 Kilometer südwestlich von Ebstorf liegt die Ellerndorfer Wacholderheide mit ihrem ungewöhnlichen Baumbestand und einem ganz eigenen Charme (nicht vergessen: Heidehonig beim Imker kaufen).

Tourist-Info Ebstorf
Winkelplatz 4a
29574 Ebstorf
T. 05822 2996
www.urlaubsregion-ebstorf.de

Kloster Ebstorf
Kirchplatz 10
29574 Ebstorf
T. 05822 2304
www.kloster-ebstorf.de

Sinja's Cafe am Kloster
Lüneburger Str. 14
29574 Ebstorf
T. 05822 8534003
www.cafe-ebstorf.de
Di–Sa 6–18 Uhr, So 7.30–18 Uhr, feiertags 13–18 Uhr

Anfahrt mit dem Auto
Über die A 7 Richtung Süden nehmen Sie die Ausfahrt 42 (Evendorf), biegen links ab nach Evendorf, fahren von dort über Soderstorf nach Amelinghausen und biegen dort rechts ab auf die L 234. In Wriedel fahren Sie links und folgen der L 250 bis Ebstorf.

Anfahrt mit öffentlichen Verkehrsmitteln
Ab Hamburg Hauptbahnhof mit dem RE bis Uelzen, von dort weiter mit dem RE in Richtung Bremen bis Ebstorf

Wanderdünen, Wälder und Wiesen

Amt Neuhaus

Inmitten des Biosphärenreservats „Niedersächsische Elbtalaue“ befindet sich die Region Amt Neuhaus. Weites Land, Wälder, Felder, Wiesen und Wasser sowie fehlende Industrie sind zwar an vielen Orten in Norddeutschland zu finden, haben hier aber ihre Besonderheiten: Durch die ehemalige innerdeutsche Grenze blieben Flora und Fauna in der Elbtalaue weitgehend unberührt erhalten.
Es ist eine lange Geschichte, warum das Amt Neuhaus heute zu Niedersachsen gehört, obwohl es ja auf der mecklenburgischen Seite der Elbe liegt. Seit dem Hamburger Vergleich von 1693 gehörte das Gebiet zum Königreich Hannover, später wurde es in den Landkreis Lüneburg eingegliedert, ab 1945 in die DDR und seit 1993 ist es wieder ein Teil Niedersachsens.
Die älteste Kirche in Amt Neuhaus steht in Stapel. In Kaarßen und Tripkau liegen die alten Fachwerkkirchen recht ansprechend auf Anhöhen über der vorbeiführenden B 195.
Die Wälder des Carrenziener Forstes laden Besucher zum stundenlangen Wandern ein.

Die Stixer Wanderdüne ist das Überbleibsel eines ausgedehnten Wanderdünengürtels im Amt Neuhaus.

In der Nähe des Ortes Stixe hat sich eine offene Binnendüne erhalten: die Stixer Wanderdüne. Sie entstand vor etwa 10 000 Jahren nach der Eiszeit und ist der Rest einer einst weitgehend vom Flugsand bestimmten Dünenlandschaft.
Zu erwähnen ist auch die auf dem Forsthof „Grüner Jäger“ stehende 700 Jahre alte Eiche, die mit zu den schönsten und ältesten im Landkreis Lüneburg gehört.
Die mitten durch die Gemeinde fließende Krainke bildet mehrere seenartige Verbreiterungen: den Zeetzer-, Stixer- und Trappsee, die den Besuchern mit weiten Flächen von Teich- und Seerosen einen unvergessenen Reiz vermitteln und zum Baden einladen.

Ebenfalls lohnenswert ist ein Besuch des Heimatmuseums, das sich im Pforthaus befindet.
Das über 400 Jahre alte Pforthaus wurde von 1995 bis 1997 als Baudenkmal restauriert und gehörte einst zur ausgedehnten Anlage der Wasserburg Neuhaus im Herzogtum Sachsen Lauenburg. Fünf Zugbrücken unterbrachen den einstigen festen Zugang zur Burg selbst, dem Nyen Hus. An der ersten Zugbrücke stand das Pforthaus mit Räumen für die Wachmannschaften. Es ist allein übrig geblieben von allen Gebäuden der Befestigungsanlage.
Die Gemeinde Amt Neuhaus ist Keimzelle der inzwischen auf 3000 Quadratkilometer beidseits der Elbe angewachsenen Arche-Region Flusslandschaft Elbe. Hier werden auf zahlreichen Höfen alte Nutztierrassen gehalten. Das Archezentrum in Neuhaus im Haus des Gastes zeigt in einer Ausstellung die Entstehungsgeschichte der Rassen und informiert, auf welchen Höfen Sie die Tiere erleben können. Zugleich hält die Touristeninformation dort jede Menge Ausflugstipps und Entdeckertouren für Sie bereit.

Das „Haus des Gastes" – Touristeninformation Amt Neuhaus und „Archezentrum Amt Neuhaus"
Am Markt 5
19273 Amt Neuhaus
T. 038841 20747
www.amt-neuhaus.de
Di–So 11–16 Uhr

Pforthaus
Rosengartenweg 4
19273 Amt Neuhaus
T. 038841 20747
www.amt-neuhaus.de

Stixer Wanderdüne
Zwischen Neuhaus und Tripkau gelegen, umfasst die offene Düne eine Fläche von circa 9,5 Hektar.

Hotel Hannover
Parkstr. 1
19273 Amt Neuhaus
T. 038841 20778
www.hotel-hannover-amt-neuhaus.de

Café von Rautenkranz
Hauptstr. 9
19273 Darchau
T. 038841 20781
www.cafe-von-rautenkranz.de

Anfahrt mit dem Auto
Über die A 25 und B 404 bis Geesthacht, weiter auf der B 5 über Lauenburg/Elbe bis zur B 195; dieser über Boizenburg und Teldau bis Amt Neuhaus folgen

Anfahrt mit öffentlichen Verkehrsmitteln
Mit dem RE Richtung Rostock bis Brahlstorf, von dort fährt ein Rufbus. Anmeldung unter:
T. 03883 616161

Biosphaerium Elbtalaue: Neugierige Blicke in eines der acht Becken der Aquarienlandschaft

Elbtalauen und Erlebnismuseum

Bleckede

Hinter Lauenburg erstreckt sich eine einzigartige Naturlandschaft, die bereits 1997 von der UNESCO unter Schutz gestellt wurde. Das Biosphärenreservat Elbtalaue umfasst 343 000 Hektar. Trotz des Buhnen- und Deichbaus, der Schiffbarmachung der Elbe und des jahrhundertelangen Wirtschaftens des Menschen hat sich hier noch eine weitgehend natürliche Stromlandschaft erhalten. Eingebettet in diese herrliche Umgebung liegt das über 800 Jahre alte Bleckede mit seinen vielen gut erhaltenen Fachwerkhäusern. Durch den Ort führt auch der über tausend Kilometer lange Elberadweg.
Unser Rundgang durch die Elbestadt startet am Schlosshof, weiter wandern wir zur Zehntscheune, zur Reimerstwiete und in die Friedrich-Kücken-Straße. Vorbei an dem ältesten Haus Bleckedes (Nummer 9) geht es zu einer Gruppe von Fachwerk-

häusern aus dem 17. Jahrhundert, der 1735 erbauten und damit ältesten Apotheke im Landkreis Lüneburg, zur St. Jacobikirche, dann zum Stadtdeich bis zum Hafen.
Neben dem Historischen Stadtrundgang (Faltblatt in der Tourist-Info) lohnen die Wanderwege rund um Bleckede, z. B. der Eckermannweg als Rundgang durch Vordeichgelände und auf dem Deich. Der enge Vertraute Goethes hatte sich in Bleckede in die Tochter des Deichbauingenieurs Bertram verliebt und nach einem zwölf Jahre dauernden Verlöbnis 1831 doch noch geheiratet. Wie romantisch.

Die evangelische St. Jacobikirche liegt an der Zollstraße und stammt aus dem 18. Jahrhundert.

Tourismus-Information im Biosphaerium Elbtalaue
Schlossstraße 10
21354 Bleckede
T. 05852 951414
www.biosphaerium.de

Gastronomie im Biosphaerium
Schlossstraße 10
21354 Bleckede
T. 05852 951437
www.biosphaerium.de
Für erschöpfte Wanderer, Radfahrer und Ausstellungsbesucher, mit Biergarten. Das Café befindet sich im denkmalgeschützten Schloss.

Elbhotel Bleckede
Elbstraße 5
21354 Bleckede
T. 05852 4089533
www.elbhotel-bleckede.de
Direkt am Hafen gelegen mit Aussicht auf die Elbe und die Stadt. Terrasse und Garten. Café mit hausgemachtem Kuchen. In der Sommersaison auch Restaurantbetrieb. Spezialitäten: Fisch und Meeresfrüchte

Altes Zollhaus
Zollstraße 14
21354 Bleckede
T. 05852 390490
www.altes-zollhaus-bleckede.de
Gemütlich mit kleinem Biergarten

Hofliebe
Wiesenweg 4
21354 Walmsburg
T. 05853 292
www.hofliebe-cafe.de
Nur im Sommer Fr 14–18, Sa 14–18, So 13–18

Für Jung und Alt hat Bleckede aber noch eine ganz besondere Attraktion zu bieten:

Das Biosphaerium Elbtalaue im Schloss
Hier erleben Sie Biber und Elbfische live und entdecken die Vogel- und Wasserwelt der Elbtalaue. Mit Aussichtsturm, Schlosshofcafé, Spielplatz, Shop und Tourist-Information.
In der Ausstellung im Haupthaus dreht sich auf über tausend Quadratmetern alles um die einzigartige Natur der Flusslandschaft Elbe. Erleben Sie die Vogelwelt im Verlauf der Jahreszeiten, wandern Sie virtuell die Elbe von der Quelle bis zur Mündung hinunter und werden Sie an vielen Exponaten wie dem Vogelstimmenklavier, der Windmaschine oder am Überflutungsmodell selbst aktiv.
Tauchen Sie anschließend in der einmaligen Aquarienlandschaft ein in die Unterwasserwelt der Elbe und erleben Sie in der Biberanlage eines der Charaktertiere der Elbtalaue live. In der eindrucksvollen Aquarienlandschaft mit acht Becken und insgesamt 70 000 Litern Fassungsvermögen erleben Sie Elbfische vom Aal bis zum Zander aus nächster Nähe.

Das Bleckeder Schloss (oben) ist eine zweiflügelige Anlage, die von einem Wassergraben umgeben ist.
Unten: Blick in einen Raum des Biosphaerium, der die Faszination des Fliegens zeigt.

Nach so viel Informationen über die Elbe und die Tier- und Pflanzenwelt rundherum ist Erholung angesagt: Wir empfehlen einen kleinen Spaziergang zum Hafen und die Einkehr ins Elbhotel mit Aussicht auf den Fluss und die Stadt.
Mit Café und Garten – und Übernachtungsmöglichkeiten.

Deichvorland bei Bleckede (oben). Die ganzjährig verkehrende Fähre (unten) verbindet die verschiedenen Ortsteile der Stadt Bleckede, die auf beiden Seiten der Elbe liegen.

Die Fähre am Hafen pendelt über die Elbe. Zudem machen die Altarme der Elbe, die Bracks, Auwälder, Wanderdünen und die Feuchtgebiete diese Gegend für die naturkundlich Interessierten zu einem besonderen Erlebnis.

Tipp
Weiße Strände und grüne Auen, weite Marschen und sanfte Höhen begleiten Sie bei einer Flussschifffahrt links und rechts der Elbe, während über Ihnen Störche und Adler kreisen. Und die Chance, einmal einen Biber in freier Wildbahn beobachten zu können, ist an Bord eines Schiffes am größten. Von den Häfen Bleckede und Artlenburg legt im Sommerhalbjahr mehrmals in der Woche das Fahrgastschiff *Lüneburger Heide* zu erlebnisreichen Fahrten auf dem letzten unverbauten Strom Europas ab.

Erlebnisfahrten Reederei Helle - Fahrgastschifffahrt
Harald Geffke
Elbstr. 117
21481 Lauenburg/Elbe
T. 04153 592848
Mobil: 0171 9945396
www.reederei-helle.de

Tipp
Einen Überblick über alle Elbe-Schiffstouren zwischen Hamburg und Wittenberge finden Sie auf: www.kurs-elbe.de

Anfahrt mit dem Auto
Über A 1, A 39 und B 4 bis Ausfahrt Richtung B 216; diese an der nächsten Ausfahrt wieder verlassen und der L 221 bis Bleckede folgen

Anfahrt mit öffentlichen Verkehrsmitteln
Mit der Bahn bis Lüneburg, von dort weiter mit dem Bus 5100 bis Bleckede

Lübeln: ein Rundlingsdorf, wie es im Buche steht

Von Rundlingen und Wölfen

Das Wendland

Das Wendland ist einzigartig. Warum? Weil es das größte autobahnfreie Dreieck Deutschlands darstellt. Weil sich von hier die Weltmeister im Langzeitprotestieren gegen das geplante Atomlager Gorleben nicht vertreiben ließen. Weil es durch die Anti-Atom-Bewegung und die Gründung der „Republik Freies Wendland" (1980) bekannt geworden ist. Weil Sie fern von jedem Lärm und Großstadtstress sind. Weil sich weitläufige und geschützte Naturlandschaften entlang der innerdeutschen Grenze erhalten haben. Weil hier Künstler, Querdenker und Macher ihr Zuhause haben. Und weil es trotzdem so bodenständig ist und sich mit den „Rundlingsdörfern" eine einmalige Baukultur erhalten hat.

Vor der Wende kannten nur Eingeweihte die wunderschöne Landschaft im nordöstlichsten Zipfel Niedersachsens. In den letzten Jahren ist es jedoch in dieser abgeschiedenen Gegend unruhiger geworden. Es wurden Wölfe gesichtet. Das erregt die Gemüter und sorgt für viele wahre und unwahre Geschichten in den Medien – nicht nur im Wendland.

Geprägt wird dieser besondere Landstrich durch das Urstromtal der Elbe und den Höhenzug Drawehn. Hierbei wird zwischen den Elbtalauen im Norden und der Lüchower Niederung unterschieden, die von zahlreichen Fließgewässern, Kanälen und Gräben durchzogen wird.
Schon früh wurde diese Region von den Slawen besiedelt, die im gesamten deutschsprachigen Raum auch als Wenden bezeichnet werden. Daher der Name Wendland. Erhalten haben sich nicht nur viele Ortsnamen und die typischen Rundlingsdörfer, sondern auch ein sehr eigener Menschenschlag.

Schauen wir uns um

Kreisförmig angelegte Dörfer waren bis ins Mittelalter weit verbreitet. Doch nur im Wendland entwickelten sich Grundriss und Bebauung zu der heute als Rundling bekannten Dorfform mit ihren typischen Fachwerkhäusern, Feldsteinkirchen und Wassermühlen. Noch heute ist es ein Geheimnis, warum die Dörfer so rund um einen zentralen Dorfplatz angelegt wurden. Es gibt viele Theorien.

Wendland Gästeinformation
Amtshof 2a
29439 Lüchow (Wendland)
T. 05841 9747386
www.region-wendland.de

Rundlingsmuseum
Wendlandhof Lübeln
Lübeln 2
29482 Küsten
T. 05841 9629-30 (Leitung)
T. 05841 9629-70 (Führungen)
www.rundlingsmuseum.de
März–Okt. (siehe Website)

Im Freilichtmuseum Wendlandhof erfahren Sie alles über diese Siedlungsform.

Marktplatz von Lüchow mit dem alten Rathaus und dem Ratskeller

Grundsätzlich ist aber allen Rundlingen gemeinsam: Sie liegen jeweils in der Nähe eines Gewässers, an einer erhöhten Stelle und haben nur einen Zugang zum Dorf, um sich besser verteidigen zu können. Intakte und sehenswerte Rundlinge gibt es mehrere. Besonders eindrucksvoll sind die Rundlinge in Satemin und Lübeln, den wir heute besuchen:

Eine typische Dorfszenerie begrüßt uns. Fachwerkhäuser mit farbigen Verzierungen und ein weiter, baumbestandener Dorfplatz. Im Rundlingsmuseum in Lübeln finden wir historische Gebäude, erhalten Informationen zur Entstehung dieser besonderen Dorfform und erfahren, wie die Menschen in den vergangenen Jahrhunderten hier gelebt und gearbeitet haben. An Aktionstagen können Jung und Alt den Handwerkern beim Weben oder Brotbacken über die Schulter schauen. Im Dorf bieten Hofläden regionale und hofeigene Spezialitäten zum Verkauf an. Das erste deutsche Kartoffelhotel lädt mit verschiedenen Wellnessangeboten und kreativen Kartoffelgerichten zur Entspannung und Erholung ein. Auch sonst ist für das leibliche Wohl gesorgt.

Danach gehts nach Lüchow. Mit seinen knapp 10 000 Einwohnern ist der Ort Herzstück der im Wendland lebenden Kunsthandwerker und Künstler. Erstmals zu Zeiten von Friedrich I. Barbarossa im Jahr 1158 urkundlich erwähnt, erhielt Lüchow 1293 die Stadtrechte. Noch heute ist aus dem späten Mittelalter ein Turm der damaligen Stadtbefestigung erhalten. Durch Feuersbrünste im 16. Jahrhundert und 1811 wurden Teile der Stadt in Schutt und Asche gelegt. Die St. Johannis-Kirche und der 22 Meter hohe Amtsturm, das Wahrzeichen der

Die St. Agnes-Kirche befindet sich in der Hindenburgstraße in Lüchow. Das nach Agnes von Rom benannte Gotteshaus wurde 1913/14 erbaut.

1. Deutsches Kartoffel-Hotel
Lüneburger Heide GmbH
Rundlingsdorf Lübeln Nr. 1
29482 Küsten
T. 05841 1360 (Rezeption)
T. 05841 136-142 (Direktdurchwahl Restaurant)
www.kartoffel-hotel.de

Kulturbarbarei
Am Rott 1
29439 Lüchow OT Grabow (Wendland)
www.kulturbarberei.de
Mehr als nur Restaurant und Café in ungewöhnlichem Ambiente

Wendland Café
Satemin Nr. 1
29439 Lüchow (Wendland)
T. 05841 7091105
www.wendland.cafe
Café in Satemin (westlich von Lüchow) mit Garten und Blick auf den Rundling

Wittlerins Wohnzimmer – Deelenkneipe und Kulturbar
Jabel 20
29439 Lüchow (Wendland)
T. 05841 9740181
www.tinewittler.de/wittlerins-wohnzimmer

Trebeler Bauernstuben
Am Markt 5
29494 Trebel
T. 05848 213
www.trebeler-bauernstuben.de

Im 2011 eröffneten Stones-Fan-Museum erfahren Sie alles über die berühmte britische Rockband.

Stadt, haben den Flammen standgehalten. Heute ist Lüchow ein lebendiges Städtchen, das viel Natur, Kunst und Geschichte bietet – und das einzige „Rolling Stones-Fan-Museum" weltweit beherbergt.
Auch sehenswert: die Innenstadt mit ihren vielen schönen Fachwerkhäusern, der Marktplatz mit den beiden Leinenweberinnen am Brunnen, das alte Rathaus und der Ratskeller.

Tipp: Von der Spitze des Amtsturmes können Sie ihren Blick über die Dächer Lüchows bis hin in die Altmark schweifen lassen und zuvor oder danach einen Blick ins Museum werfen, das über die Stadtgeschichte ebenso informiert wie über die slawische Epoche der Region. In der Innenstadt laden kleine Restaurants und Cafés mit ihren liebevoll gestalteten Innenhöfen zum Verweilen ein.

Der Amtsturm, Überbleibsel des ehemaligen Schlosses der Grafschaft Lüchow

Der besondere Tipp

Seit 1989 findet im Wendland jährlich zwischen Himmelfahrt und Pfingsten die Kulturelle Landpartie mit zahlreichen Kulturveranstaltungen statt. Dann öffnen Anwohner ihre Scheunen und Höfe für Künstler und Kunsthandwerker, damit diese ihre Arbeiten (Schmuck, Gemälde, Arbeiten aus Keramik, Holz, Filz. Metall etc.) präsentieren können. Die Landpartie wird begleitet von einem umfassenden Kulturprogramm.

Stones-Fan-Museum
Dr.-Lindemann-Straße 11
29439 Lüchow (Wendland)
T. 05841 5902
www.stonesfanmuseum.com

Amtsturm-Museum Lüchow
Amtsgarten
29439 Lüchow (Wendland)
T. 05841 1260
www.amtsturm.de

Herrenhaus Salderatzen
Salderatzen Nr. 3
29496 Waddeweitz
T. 05849 971018
www.herrenhaus-salderatzen.de
Unter Denkmalschutz stehende Hotelanlage. Viel Ruhe und Entschleunigung. Keine TV- und Radio-Geräte auf den Zimmern. Bodenständige Küche

Kulturelle Landpartie
Drawehner Straße 2
29439 Lüchow (Wendland)
T. 05841 976940
www.kulturelle-landpartie.de

Anfahrt mit dem Auto
Über die A 39 und die B 216 bis Am Sägewerk/Göhrde, dann auf der K 8 bis Lübeln

Anfahrt mit öffentlichen Verkehrsmitteln
IC oder RE bis Uelzen, RE bis Salzwedel, mit dem Bus bis Lüchow, dann bis Lübeln, danach zehn Minuten zu Fuß

Ausflüge nach Mecklenburg

Blick auf den Schweriner Dom St. Marien und St. Johannis. Dahinter die Altstadt mit dem Schloss und dem Schweriner Innensee, links der Schweriner See

Einmal um den See herum

Schwerin und seine Seen

Warum fühlen wir uns in Schwerin so wohl? Ist es das auf einer Insel liegende märchenhafte Schloss mit seinen wunderschönen Parkanlagen ringsherum, ist es die nur wenige Gehminuten vom Schloss entfernte Altstadt mit ihren mittelalterlichen Gassen, sind es der alles überragende Backsteindom oder die Schlosskirche mit ihrem blauen Sternenhimmel oder ist es die Seenlandschaft, die Schwerin umgibt? Nicht umsonst steht die Stadt mit ihrem imposanten Architekturensemble rund um das Schloss auf der Liste der UNESCO als potenzielles Weltkulturerbe ganz oben. Es sind so viele Bau- und Kulturdenkmäler die die 1160 gegründete Stadt so attraktiv machen, dass es sich lohnt im Rahmen einer Führung die Hauptstadt des Bundeslandes Mecklenburg-Vorpommern zu erkunden. Danach bleibt vielleicht noch Zeit für das mit vielen alten und neuen Meistern ausgestattete Kunstmuseum. Oder für die Industriedenkmäler Schwerins mit den weltweit einzigartigen Innova-

Das Schweriner Schloss wurde auf einer Insel errichtet. Dahinter sind die barocken Gartenanlagen und die „Schwimmende Wiese“ zu sehen.

tionen von der Elektrizität für das Hoftheater bis zur Entwicklung des Fokker-Jagdflugzeugs. Die öffentliche Stadtführung startet täglich um 11 Uhr (in der Hochsaison häufiger) auf dem Marktplatz. Die Gästeführer zeigen Ihnen die wichtigsten Sehenswürdigkeiten in Schwerin und schauen mit Ihnen hinter die Geschichten der historischen Häuserzeilen.

Tourist-Information Schwerin
Am Markt 14
19055 Schwerin
T. 0385 5925212
www.schwerin.com
Hier erhalten Sie Stadt- und Fahrradkarten mit den schönsten Wegen und Touren.

Staatliches Museum Schwerin
Alter Garten 3
19055 Schwerin
T. 0385 58847222
www.museum-schwerin.de

Unter den zahlreichen gastronomischen Angeboten Schwerins haben wir nur einige „Klassiker“ ausgewählt:

Café Prag
Schloßstraße 17
19053 Schwerin
T. 0385 565909
www.restaurant-cafe-prag.de
Erinnerungen an die Kaffeehauskultur von Wien und Prag werden hier wach. Beliebter Treffpunkt von Politikern und Journalisten. Prächtiges historisches Stadthaus

Schlosscafé & Orangerie
Lennestraße 1
19053 Schwerin
T. 0385 5252915
www.schweriner-schloss-localitaeten.de
Direkt auf der Schlossinsel mit Orangerie und Burggarten

Die Sammlungen des Staatlichen Museums Schwerin umfassen heute weit mehr als 100 000 Kunstwerke.

Höhepunkte sind der Pfaffenteich, der prächtige Marktplatz, der überragende Dom – und natürlich das große Finale: der Alte Garten mit dem prunkvollen Schloss. Wenn Sie einen Stadtrundgang auf eigene Faust machen wollen, besorgen Sie sich eine Schwerin-Karte in der Tourist-Information Am Markt.

Radtour

Wer eine der schönsten Radwandertouren des Nordens erleben möchte, der sollte eine Reise nach Schwerin machen und den Drahtesel mitnehmen oder dort leihen.

Die „Blaue Acht" führt über 65 Kilometer (keine Angst, man kann auch abkürzen) gut ausgebaute Radwege und wenig befahrene Straßen rund um den Schweriner See. Das Schöne dabei: Neben herrlichen Aussichtspunkten und großer Natur locken immer wieder Ausflugslokale zu Pausenstopps.

Seit 1842 ist der Schweriner See durch einen künstlich aufgeschütteten Damm zweigeteilt, in den nördlichen Außen- und den südlichen Innensee. Damit Boote von dem einen ins andere Gewässer kommen, sind beide über den Stangengraben miteinander verbunden.

Nehmen Sie sich, egal ob Sie die längere oder die kürzere Tour wählen, einen Tag Zeit.

Unsere Tour im Überblick

Länge:
Runde um den gesamten See:
65 Kilometer
Runde um den Innensee:
32 Kilometer
Runde um den Außensee:
37 Kilometer
Start und Ziel: Schweriner Schloss (Rundtour)
Markierung:
T9 Außensee und T10 Innensee
Besonderheit:
Bahnhöfe am Westufer

Los geht's am Schweriner Märchenschloss über den Franzosenweg. Dort verbirgt sich hinter einer Backsteinmauer der einstige Nutzgarten des großherzoglichen Hofs. Seit der Bundesgartenschau 2009 grünt der ehemalige Barockgarten in alter Pracht und parallel der Garten des 21. Jahrhunderts („Schwimmende Wiese"). Ein erstes Highlight auf unserer Tour. Kurz danach genießen wir an der Landspitze „Adebors Näs" den Blick zurück aufs Schloss. Am Freibad/Naturbad (Stopp zum Abkühlen erlaubt) führt die Straße an feiner Wohnarchitektur mit Seeblick und am Zoo vorbei nach Zippendorf. Nach zehn Kilometern ist bei Raben Steinfeld der südlichste Punkt der Runde erreicht und die Strecke führt am Ostufer des Sees in Richtung Norden. Die nächsten sechs Kilometer fahren wir stetig leicht bergauf, dabei entfernt sich der Radweg ein gutes Stück vom Wasser. Auf einer kleinen Landstraße geht es durch Felder zum Örtchen Leezen und weiter mal bergauf, mal bergab nach Rampe an der Bundesstraße 104.

Abkürzung über den Damm:
In Rampe können sich Radler nach nun zwanzig Kilometern entscheiden, ob sie die große Runde um den Außensee fahren wollen oder über den Paulsdamm zurück nach Schwerin. Die kleine Runde führt auf einem Radweg parallel zur Bundesstraße 104 über den Damm, teils durch dichten Wald, teils mit Blick auf das Wasser. Nach fünf

Weinhaus Uhle
Schusterstraße 13
19055 Schwerin
T. 0385 48939430
www.weinhaus-uhle.de
Ältestes Weinhaus Mecklenburg-Vorpommerns. 300 verschiedene Weine. Historisches Restaurant mit gehobener Küche. Auch Bistro und Hotel

Gasthof zur guten Quelle
Schusterstraße 12
19055 Schwerin
T. 0385 565985
www.gasthof-schwerin.de
Traditionsgasthof in der Altstadt. Gemütliche Gaststube. Gerichte bodenständig schmackhaft. Biergarten. Berühmtester Gast war der niederdeutsche Schriftsteller Fritz Reuter.

Restaurant Lukas
Großer Moor 5
19055 Schwerin
T. 0385 565935
www.restauren-lukas.de
Das einzige Fischrestaurant der Stadt. Mitten in der historischen Altstadt. Schöne Außenterrasse

Hotel Speicher am Ziegelsee
Speicherstraße 11
19055 Schwerin
T. 0385 50030
www.speicher-hotel.com
Denkmalgeschützter Speicher aus dem Jahr 1939. Erstes klimapositives Hotel Mecklenburg-Vorpommerns. Liegt direkt am Ufer des Ziegelsees. Herrliche Terrasse. Mit Feinschmecker-Restaurant „aurum"

Morgenstimmung am Strand von Zippendorf am Schweriner See

Kilometern ist das Westufer erreicht. Die Route verlässt die Bundesstraße und den Schweriner See bergan auf einer schmalen Straße in Richtung Wickendorf. So schließt die Runde den Ziegelsee im Norden Schwerins mit ein. In Wickendorf knickt die Strecke nach Süden ab und führt weiter nach Meldewege. Die letzten vier Kilometer geht es auf einem Radweg an der Bundesstraße 104 zurück nach Schwerin.

Die Runde um den Außensee

Wer in Rampe entschieden hat, auch die nördliche Runde um den Schweriner Außensee zu fahren, bleibt am Ostufer. Man wird zunächst mit einem flachen Abschnitt direkt am Ufer belohnt. Der kleine Ort Retgendorf liegt etwas erhöht, bedeutet also eine kleine Steigung, bevor es durch ein Waldstück wieder am Wasser weiter nach Flessenow geht. Mehrere Badestellen laden auf diesem Abschnitt zu einer Rast ein. In Flessenow wendet sich der Weg nach Nordosten, vorbei am Langen See in das Naturschutzgebiet Döpe. In diesem verlandeten Teil des Schweriner Sees wechseln sich sandige Flächen mit Wiesen und Wäldern ab, bei feuchtem Wetter kann sich der Untergrund allerdings in einen Morast verwandeln. Nach 16 Kilometern auf der Nordrunde ist in Hohen Viecheln der nördlichste Punkt erreicht. Kulturfreunde können einen kurzen Abstecher zur frühgotischen Dorfkirche unternehmen, einem Backsteinbau aus dem frühen 14. Jahrhundert. Von dort geht es flott bergab nach Bad Kleinen, dem mit rund 3500 Einwohnern größten Ort am Außensee. Unterwegs lohnt sich ein kurzer Stopp an der Schwedenschanze, einem Rast- und Aussichtspunkt mit weitem Blick über den See. Wer sich zu viel zugetraut hat und die Tour in Bad Kleinen (42 Kilometer ab Schwerin) beenden möchte, kann mit einem Regionalzug zurück in die Landeshauptstadt fahren. Für alle anderen beginnt nun der anspruchsvollste Teil der Seerunde: der gut drei Kilometer lange Anstieg vom Ufer durch dichten Wald nach Schloss Willigrad hoch über dem Schweriner See. In dem Schloss mit einem schönen Garten präsentiert ein Kunstverein Ausstellungen. Außerdem gibt es auf dem Gelände ein Café. Weiter geht es bergab nach Lübstorf, ebenfalls mit Bahnhof, und dann auf einer erhöhten kleinen Straße entlang mit schönem Blick auf das Wasser nach Wickendorf. Dort trifft die Nordrunde um den Außensee nach 33 Kilometern (ab Rampe) wieder auf die kleine Runde um den Schweriner Innensee.

Schloss Wiligrad
Wiligrader Str. 17
19069 Lübstorf
T. 03867 8801
Öffnungszeiten und Eintrittspreise unter:
www.kunstverein-willigrad.de

Seewarte
Paulsdamm 2
19055 Schwerin
T. 0385 561554
Restaurant in einem Fachwerkgebäude aus dem Jahr 1905. Mit Sommergarten (Treffpunkt für Radler, Ausflugsgäste und Wassersportler). Blick vom Paulsdamm über den See auf die Stadt. Gehobene traditionelle Gastronomie. Fangfrischer Fisch

Anfahrt mit dem Auto
A 24 bis Ausfahrt 11 (Hagenow), weiter auf der B 321 bis Schwerin

Anfahrt mit öffentlichen Verkehrsmitteln
Züge verkehren fast stündlich nach Schwerin (IC, ICE oder RE).

Der knapp 72 Meter tiefe Schaalsee ist ein besonders intaktes Refugium der Natur. Wer Glück hat, kann hier sogar Seeadler im Flug beobachten.

Natur pur

Der Schaalsee

Willkommen in einer Landschaft, wie sie in Mitteleuropa nicht noch einmal zu finden ist. Der an der Landesgrenze zwischen Schleswig-Holstein und Mecklenburg-Vorpommern gelegene 24 Quadratkilometer große Schaalsee ist ein wahres Naturparadies. Von 1952 bis 1990 lagen weite Teile dieser Endmoränen-Landschaft im Sperrgebiet der innerdeutschen Grenze. Dadurch konnten hier viele gefährdete Tier- und Pflanzenarten weitgehend ungestört überleben, sodass das Gebiet im Jahr 2000 als UNESCO-Biosphärenreservat ausgewiesen wurde. Daran schließt sich auf schleswig-holsteinischer Seite der 1960 gegründete Naturpark Lauenburgische Seen an.

Verträumte Dörfer, schattige Alleen und stattliche Herrenhäuser prägen das Bild rund um den Schaalsee. Urige, gemütliche Hofcafés verwöhnen mit selbstgebackenen Torten und tollen Ausblicken auf die idyllische Seenlandschaft. Wer einmal durch die direkt bis an den See reichenden Wälder geradelt oder gewandert ist, wird sich dem besonderen Flair dieser Landschaft kaum entziehen können.

Radtour rund um den Schaalsee

Eine Rundtour, die vor allem für Naturinteressierte reizvoll ist.
Länge der Tour: 45 Kilometer
Dauer: vier Stunden
Tourencharakter: Die Radtour führt auf kleinen Straßen durch die vielfältige Kulturlandschaft rund um den Schaalsee und seine Nachbargewässer.
Beste Jahreszeit: Frühling, Sommer, Herbst
Ausgangs- und Endpunkt: Zarrentin, Parkplatz beim Infozentrum PAHLHUUS (siehe S. 158 und 163).

Schaalseeinfo
Hauptstraße 15
19246 Zarrentin am Schaalsee
T. 038851 333435
www.schaalsee-info.de

Restaurant „Maräne"
Dorfstraße 12
23883 Groß Zecher
T. 04545 1371
www.restaurant-maraene.de
Die besten Hechtklöße weit und breit!

Zur Kutscherscheune
Lindenallee 15
23883 Groß Zecher
T. 04545 801
www.kutscherscheune.de
Im Sommer tgl. ab 8 Uhr, im Frühling und Herbst Do–Mo ab 12 Uhr, im Winter Fr–So ab 12 Uhr

„Forsthof Kneese"
Hauptstraße 15
19205 Kneese Dorf
T. 038876 31376
www.forsthof-kneese.de

Anfahrt mit dem Auto
Über die A 24 Ausfahrt 9b (Zarrentin). Folgen Sie der B 195 bis Zarrentin.

Anfahrt mit öffentlichen Verkehrsmitteln
Ab Hamburg Hauptbahnhof mit dem RE nach Büchen und von dort weiter nach Ratzeburg. Von dort nehmen Sie den Bus 8790 nach Zarrentin.

Bevor es in Zarrentin am Informationszentrum richtig losgeht, sollten Sie zuerst das Rad stehen lassen, denn das Informationszentrum PAHLHUUS des Biosphärenreservats Schaalsee bietet anschauliche Erklärungen zu Natur und Landschaft. Unterhalb vom PAHLHUUS kann man von einem Moorlehrpfad aus viele seltene Pflanzenarten entdecken.
In Zarrentin befindet sich die „Schaalseeinfo“. Hier erhalten Sie regionale Produkte, Informationsmaterial und können Fahrräder ausleihen (am besten vorher reservieren).

Von Zarrentin nach Norden

Am Kloster Zarrentin (unbedingt besichtigen!) vorbei geht es zur Halbinsel Strangen. Der Schaalsee ist ein Produkt der letzten Eiszeit. Tief spülte das Schmelzwasser den See aus, der heute bis zu 72 Meter tief ist. Das Westufer gehört zu Schleswig-Holstein, das Ostufer zu Mecklenburg-Vorpommern. Mit den vielen kleinen und großen Nachbarseen ist er das Zuhause unter anderem von Fischotter und Seeadler. In der abwechslungsreichen Landschaft können Sie fünfzig Libellenarten und mehr als 240 Vogelarten beobachten.

Gutshof Groß Zecher: Das früher barocke Herrenhaus wurde abgerissen und im klassizistischen Stil wieder aufgebaut.

Der See ist Naturschutzgebiet und darf deshalb nur mit registrierten Booten befahren werden. Einen Bootsverleih finden Sie in Zarrentin. Bitte baden Sie nur an ausgewiesenen Badestellen, es gibt sie in fast allen Ortschaften. Eine besonders schöne Badestelle mit Strand und Liegewiese finden Sie in Groß Zecher. Dort sollten Sie sowieso unbedingt Rast machen, denn in der „Maräne“ gibt es die besten Hechtklößchen weit und breit. Und in unmittelbarer Nähe der Liegewiese am See lädt die „Kutscherscheune“ zum Verweilen ein.

Weiter geht's nach Seedorf

An der St.-Clemens-St.-Katharinen-Kirche und dem Seedorfer Schloss vorbei führt der Rad- und Wanderweg über den bewaldeten Seedorfer Werder, bevor es durch die Felder weiter bis Kittlitz geht.

Ein wahres Naturparadies: der Schaalsee am Seedorfer Werder

Die St.-Abundus-Kirche in Lassahn mit ihrer Feldstein-Sakristei aus dem 13. Jahrhundert

Die Verbindungsstraße von Kittlitz nach Dutzow konnte erst 1993 eingeweiht werden, als eine Brücke über den alten Grenzgraben fertiggestellt war. Um jeden Kontakt Richtung Westen zu unterbinden, stand in Dutzow bis zur Wende eine hohe Mauer. Das in Mecklenburg liegende Ostufer des Schaalsees war früher Sperrgebiet und durfte nicht betreten werden. Die Natur konnte sich so über Jahrzehnte ungestört entwickeln.
Auf schmalen Straßen führt die Fahrt nach Kneese, wo Sie im „Forsthof Kneese" ein charmantes Café zur Einkehr einlädt.

Weiter geht es in Richtung Lassahn (unbedingt die zwischen 1190 und 1250 erbaute St.-Abundus-Kirche ansehen, von deren Friedhof man einen herrlichen Weitblick auf den See hat) durch diese besonders abwechslungsreiche Landschaft. Beobachten Sie auf den Wiesen Kraniche, Störche und Graugänse.
Am südlichen Ortsrand von Lassahn führt eine Allee zur Stintenburg-Halbinsel, die schon der Dichter Friedrich Gottlieb Klopstock bemerkenswert fand.
Zurück auf der Hauptstraße biegen Sie nach rechts und nach einem Kilometer nach links Richtung Neuenkirchen ab. Am Ostufer des Neuenkirchener Sees verläuft ein wunderschöner Waldweg unter alten Bäumen. Am benachbarten Boissower See erwartet Sie am Ufer ein Beobachtungsstand. Von Boissow sind es dann noch 3,5 Kilometer zurück nach Zarrentin.

Das Zisterzienserinnenkloster in Zarrentin am Schaalsee wurde 1246 gegründet und 1553 aufgelöst. Das Gebäude beherbergt im Kreuzgang eine Dauerausstellung mit unmittelbarem Bezug zum Kloster und seiner Geschichte.

Das kleine Paradies am Wasser

Zarrentin am Schaalsee

Die am südlichen Ufer des Schaalsees gelegene Stadt Zarrentin befindet sich inmitten des durch die UNESCO anerkannten Biosphärenreservats Schaalsee. Das große Pfund, mit dem diese Gemeinde wuchern kann, ist die Natur mit ihren vielen seltenen Tier- und Pflanzenarten, die sich am besten auf Wanderungen und Radtouren entdecken lassen. Ein ausgewiesenes Rad- und Wanderwegenetz von mehr als 180 Kilometern Länge bietet viele Möglichkeiten. Hier kann man die Ruhe und die wunderschöne Natur genießen und, wer Lust hat, auch ein wenig Kultur tanken. Die Stadt selbst wird von Häusern mit landestypischer Architektur aus dem 18. und 19. Jahrhundert geprägt. Besonders hervorzuheben ist das ehemalige, hoch über dem Schaalsee gelegene Zisterziensernonnenkloster, das 1246 von der Gräfin Audacia und ihrem Sohn, dem späteren Graf Gunzelin III. von Schwerin, gegründet wurde. Als sogenanntes Jungfrauenkloster diente es als Erziehungs- und

Kreuzgang im Zisterzienserinnenkloster in Zarrentin

Zufluchtsstätte für die Töchter der Grafen und Vasallen aus den benachbarten Grafschaften sowie für Lübecker Patrizierfamilien. Nach Auflösung im Jahr 1552 diente es u. a. als Kornspeicher, Brauerei, Amtsgericht, Jugendherberge, Wohnhaus, Bibliothek und Heimatstube. Im Kreuzgang ist eine Dauerausstellung eingerichtet, die einen unmittelbaren Bezug zum Kloster und seiner Geschichte hat und über die historische Entwicklung informiert.

Tourismus-Information Zarrentin
Hauptstr. 15
19246 Zarrentin am Schaalsee
T. 038851 333435
www.schaalsee-info.de

Kloster Zarrentin
Kirchstraße 8
19246 Zarrentin am Schaalsee
T. 038851 8380
www.kloster-zarrentin.de

Heimatmuseum „Klosterscheune"
Kirchplatz 8
19246 Zarrentin am Schaalseee
T. 038851 33604
www.zarrentin.de/heimatmuseum

Fischhaus – Hotel am Schaalsee
Amtsstraße 11
19246 Zarrentin am Schaalsee
T. 038851 55990
www.fischhaus-schaalsee.de
Idyllisch am Südufer des Schaalsees gelegen. Große Terrasse mit Blick. Zehn Doppelzimmer

Landhaus am Schaalsee
Wittenburger Chaussee 11
19246 Zarrentin am Schaalsee
T. 038851 80538
www.hotel-zarrentin-schaalsee.de

Unmittelbar neben dem Kloster befindet sich das Heimatmuseum „Klosterscheune", dessen Dauerausstellung die Geschichte und Region sowie ihre Besonderheiten (ehemalige DDR-Grenzstadt) beleuchtet.

Für eine Tagesreise sei Folgendes empfohlen

Vormittags besuchen Sie das Kloster Zarrentin und das Heimatmuseum. Buchen Sie möglichst eine Führung (ist aber kein Muss!) durch das Kloster. Die Gästeführerinnen empfangen Sie in Nonnenkleidung. Es lohnt sich. Das 1252 gegründete Zisterzienserinnenkloster wurde nach der Wende aufwändig renoviert und wird heute für kulturelle Veranstaltungen genutzt.
Die direkt daneben liegende Feld- und Backsteinkirche St. Petrus und St. Paulus stammt ebenfalls aus dieser Zeit. Besonders sehenswert: das romanische Mauerwerk des Chores aus den Jahren 1230/40. An den Chorwänden befinden sich Wandmalereien aus der zweiten Hälfte des 14. Jahrhunderts.
Kultur macht hungrig: Nur wenige Meter sind es bis zum Fischhaus – Hotel am Schaalsee. Lassen Sie es sich schmecken.

Kirche Zarrentin St. Petrus und St. Paulus, Infos unter: www.kirche-zarrentin.de

Spaziergang

Wer gerne Spazieren geht, sollte eine etwa einstündige Tour rund um den Kirchensee einplanen: Ausgangspunkt ist der große Parkplatz an der Kirche. Dann den Weg zum Schaalsee nehmen, links halten und am See an Bootsanlegern vorbei bis zu einem hölzernen Aussichtsturm gehen. Herrlicher Blick über den Schaalsee. Die Brücke überqueren, die über die Verbindung von Schaal- und Kirchensee führt. Diesen dann umrunden und wieder zum Ausgangspunkt der kleinen Wanderung zurückkehren.

Bootsfahrt
Erleben Sie mit dem Fahrgastschiff *Große Maräne* den Schaalsee mit seinen Inseln, Halbinseln und den vielen seltenen Vögeln. Wer Glück hat, kann sogar einen Adler entdecken. An Bord werden Informationen gegeben. Infos unter: www.schaalsee-tour.de

PAHLHUUS
Der Schaalsee, an dessem südlichen Ufer Zarrentin liegt, gehört zum gleichnamigen 310 Quadratkilometer großen Biosphärenreservat, das 2000 durch die UNESCO anerkannt wurde. Das Informationszentrum im Schutzgebiet ist das am östlichen Rande von Zarrentin gelegene PAHLHUUS, in dem sich Besucher über die Naturausstattung dieser Landschaft und die touristischen Angebote informieren können. Besuchen Sie die Dauerausstellung. Dort erwartet Sie unter anderem ein virtueller Tauchgang im Schaalsee und ein Astronaut. Was dieser mit dem Biosphärenreservat zu tun hat? Schauen Sie vorbei – der Eintritt ist frei.

UNESCO-Biosphärenreservat Schaalsee
PAHLHUUS
Wittenburger Chaussee 13
19246 Zarrentin
T. 038851 3020
www.schaalsee.de

Im PAHLHUUS können sich Besucher über die Natur und die Flora und Fauna des Gebietes und über touristische Angebote informieren. Es ist das Informationszentrum des UNESCO-Biosphärenreservates Schaalsee und gleichzeitig der Sitz des Biosphärenamtes Schaalsee-Elbe.

Anfahrt mit dem Auto
Über die A 24 Ausfahrt 9b (Zarrentin). Folgen Sie der B 195 bis Zarrentin.

Anfahrt mit öffentlichen Verkehrsmitteln
Ab Hamburg Hauptbahnhof mit dem RE nach Büchen, weiter nach Ratzeburg; von dort den Bus 8790 nach Zarrentin nehmen

In den 1990er-Jahren wurde die Bausubstanz der historischen Gestütsanlage Redefin saniert. Den Blickfang bildet noch heute das direkt hinter dem Reit- und Paradeplatz befindliche monumentale Portal der Reithalle.

Leistung aus Tradition

Landgestüt Redefin

Das Landgestüt Redefin im Südwesten Mecklenburg-Vorpommerns gilt als eines der schönsten Europas und ist ein klassizistisches Ensemble mit mehr als 200-jähriger Tradition in der Pferdezucht und -ausbildung. Etwa 140 Pferde leben hier auf rund siebzig Hektar. Doch es bietet nicht nur Pferdeliebhabern ein traumhaftes Ambiente zum Verweilen. Hier erleben Sie Kulturgeschichte und Pferdezucht in einem. Flanieren Sie durch den Gestütspark und genießen Sie das herrliche Anwesen bei einer Tasse Kaffee und Kuchen. Ob Pferdezucht, Pferdesport, Lehrgänge, Konzerte oder Shows – hier wird Ihr Besuch zu einem besonderen Erlebnis!

Für interessierte Besucher bieten sich auch Führungen an, bei denen Sie während eines Rundgangs durch die Ställe alles über die Historie, die aktuelle Zucht und die Pferde erfahren. Wandeln Sie zwischen Hainbuchen,

Elfenblumen und Taglilien durch das extra für die Bundesgartenschau 2009 neu eröffnete acht Hektar große Parkgelände und genießen Sie die entspannte Atmosphäre inmitten unberührter Natur. Erleben Sie die turniersportlichen Veranstaltungen im Frühjahr oder genießen Sie die über die Sommermonate stattfindenden klassischen Konzerte sowie die Ausstellung LebensArt.
Seit 1935 laden jährlich im Herbst die Redefiner Hengstparaden zu einem besonderen Erlebnis, die zahlreiche Touristen anlocken: Für Groß und Klein gibt es an drei ersten Sonntagen im September je ein mehrstündiges Schauprogramm, in dem sich die imposanten Hengste des Landgestüts in den verschiedenen Disziplinen präsentieren. Das eigens eingerichtete Kinderland begeistert jedes Jahr mit Karussell, Hüpfburg und Ponyreiten, und auch für die Erwachsenen bieten das Landespolizeiorchester sowie regionale Gastronomie und Händler musikalische, kulinarische und sinnliche Genüsse im Rahmenprogramm.

Landgestüt Redefin
Betriebsgelände 1
19230 Redefin
T. 038854 6200
www.landgestuet-redefin.de

Auf dem Gelände befindet sich das
Gästehaus „Fohlenstall"
Buchungen der Gästezimmer und einer Ferienwohnung unter:
www.landegestuet-redefin.de

Landstallmeisterhaus
Fünf hochwertige Ferienwohnungen, Vermietung für Veranstaltungen, Firmenevents, Standesamt zur Trauung
www.landstallmeisterhaus.de

Anfahrt mit dem Auto
Über die A 24 Richtung Berlin Ausfahrt 10 (Wittenburg), dann rechts auf Hagenower Chaussee bis Hagenow. Dort biegen Sie links ab auf die B 321 und fahren über Steegen und Warlitz bis zur B 5. Dort biegen Sie wieder links ab und folgen der Straße bis Redefin.

Fassade des Ludwigsluster Schlosses: Das barocke Kleinod war von 1765 bis 1837 Residenz der mecklenburgischen Herzöge.

Barock satt

Ludwigslust

Wer zum ersten Mal in Ludwigslust ankommt, das riesige Schloss, den dazugehörigen Park und das barocke Drumherum sieht, der fragt sich unwillkürlich, wer auf die Idee gekommen ist, hier in der mecklenburgischen Einsamkeit ein solches Ensemble zu bauen. Sie haben richtig geraten: Das kann nur ein reicher Adeliger mit einer großen Leidenschaft für die Jagd gewesen sein. Die waldreiche Gegend war ein idealer Platz für ein kleines Jagdschloss, aus dem nicht mehr und nicht weniger als das „Versailles" des Nordens wurde. Ludwigslust nannte der Herzog zu Mecklenburg, Christian Ludwig, 1754 sein Lustschloss, das über einen Zeitraum von achtzig Jahren sogar Residenzstadt Mecklenburgs und danach für viele Jahre der Sommersitz seiner Nachfolger wurde.

Unmittelbar hinter dem alten Jagdschloss errichtete J. J. Busch 1772–1776 das neue repräsentative Residenzschloss der mecklenburgischen Herzöge. Der Bauherr, Herzog Friedrich, der den Ruf eines naturwissenschaftlich gebildeten Regenten genoss, nahm selbst regen Einfluss auf das Baugeschehen. Bald nach Fertigstellung des Schlosses bezog der Herzog das neue Domizil und ließ das alte Jagdschloss abtragen. Im Mitteltrakt des mächtigen Gebäudes erstreckt sich der Goldene Saal über zwei Stockwerke. Große Fenster, Spiegel und Kristalllüster lassen den Festsaal in höfischem Glanz erstrahlen. Die vergoldeten Dekorationen, die Wände, Decken und Türen verzieren, sind Produkte der herzoglichen Carton-Fabrik zu Ludwigslust. Die historisch ausgestatteten Räume im Schloss geben dem Besucher einen Einblick in die höfische Kunst und Wohnkultur des 18. und 19. Jahrhunderts. Ein Kabinett mit Miniaturen, kostbare Jagd- und Prunkwaffen, kunstvolle Möbel sowie die Werke des französischen Hofmalers Jean Baptiste Oudry künden von der Sammelleidenschaft der mecklenburgischen Herzöge. Gemälde von Georg David Matthieu und Christian Ludwig Seehas stellen die einstigen Bewohner des Schlosses vor.

Ludwigslust-Information
Schloßstr. 36
19288 Ludwigslust
T. 03874 526251
www.stadtludwigslust.de

Restaurant und Kaffeehaus „Alte Wache“
Schloßfreiheit 8
19288 Ludwigslust
T. 03874 570353
www.altewache-ludwigslust.de
Di–Sa 12–22 Uhr, So 11–18 Uhr

Hotel de Weimar
Schloßstraße 15
19288 Ludwigslust
T. 03874 4180
www.landhotel-de-weimar.de

Ludwigsluster Schlosscafé
Schloßfreiheit
19288 Ludwigslust
T. 03874 620919
www.mv-schloesser.de

Anfahrt mit dem Auto
Über die A 24 Richtung Berlin und die A 14 in Richtung Süden, dann erste Ausfahrt abfahren auf L 73 Richtung Ludwigslust

Anfahrt mit öffentlichen Verkehrsmitteln
Ab Hamburg Hauptbahnhof mit dem IC Richtung Berlin bis Ludwigslust

Schloss Ludwigslust, der Jagdsalon: In dem mit Trophäen geschmückten Saal befindet sich heute das Schlosscafé.

An die Jagdleidenschaft der Herzöge erinnert der Jagdsaal, der heute dem Schlosscafé ein einmaliges Ambiente bietet. Die Werke der einstigen Hofkomponisten werden in Sommerkonzerten im Goldenen Saal und in der Kirche lebendig gehalten. Nach umfangreichen Baumaßnahmen sind seit 2016 zwanzig aufwendig restaurierte Räume im Ostflügel des Schlosses wieder zugänglich. Die historische und kulturelle Vielschichtigkeit des ausgehenden 18. und frühen 19. Jahrhunderts lässt sich seitdem noch intensiver nachempfinden.

Einzigartig in Norddeutschland ist auch das Ensemble rund um das Barockschloss sowie die darum angelegte Residenzstadt mit vielen Denkmalbauten wie das Prinzenpalais, die barocke Schlossstraße mit den Backsteinhäusern, die Kanalstraße mit dem Großen Kanal, das Rathaus sowie das historische Postgebäude von 1888.

Wanderung durch den Schlosspark

Ein Spaziergang durch den mit einer Fläche von 120 Hektar größten und schönsten Landschaftsparks Mecklenburgs ist zu jeder Jahreszeit ein Erlebnis. Der Ludwigsluster Schlosspark beeindruckt nicht nur durch seine künstlerische Gestaltung und Artenvielfalt, sondern auch durch die Harmonie und Ruhe, die er ausstrahlt.

Die Besucher faszinieren immer wieder die wundervollen Ausblicke über weite Wiesen, spiegelnde Wasserflächen und eine Vielzahl von alten und seltenen Bäumen und Ziersträuchern, wie z. B. Sumpfzypressen, Mammut-, Schneeglöckchen- und Urweltmammutbaum oder Magnolien. Der barocke Park wurde zur Zeit des Baus des kleinen Jagdschlosses unter Christan Ludwig II. in den Jahren 1731–1735 angelegt. Da in dieser Gegend kaum Wasser für solch einen großen Park zur Verfügung stand, wurde 1756–1760 ein 28 Kilometer langer Kanal erbaut, der das Wasser für die Wasserspiele und die vor dem Schloss befindlichen Kaskaden heranführt.

Alle Wasserspiele des Schlossparkes erhalten den nötigen Druck durch das natürliche Gefälle des Kanals.

Der Schlosspark wurde immer wieder vergrößert. Seine größte Umgestaltung erfuhr er durch den preußischen Gartendirektor Peter Joseph Lenné in der Mitte des 19. Jahrhunderts. Doch nicht nur die Flora des Schlossparks ist sehenswert, auch eine Reihe von Bauwerken im Park lassen den Besucher staunen.

Pavillon im Schlosspark von Ludwigslust

Das Portal der Stadtkirche in Ludwigslust: Das Gotteshaus befindet sich 500 Meter südlich des Schlosses und ist durch eine Abfolge von Hofplätzen mit diesem verbunden.

Hofkirche/Stadtkirche

Die Fassade des mächtigen Schlosses beeindruckt. Wer sich davor jedoch umdreht, den erwartet ein Aha-Erlebnis der besonderen Art. In wenigen hundert Metern Entfernung überrascht ein Gebäude, das auch in der Toskana stehen könnte: das Portal der Stadtkirche mit seinen sechs Säulen. Das zwischen 1765 bis 1770 errichtete Gotteshaus wurde ursprünglich als Hofkapelle und spätere Grablege gebaut. Gehen Sie hinein! Auch im Inneren überraschen Sie Säulen, eine Kassettendecke und ein monomentales 350 Quadratmeter großes Gemälde, das den gesamten Altarbereich dominiert. Das Besondere: Es ist auf Karton gemalt. Das gestalterische Gegengewicht zum Altarbereich bildet die Loge der herzoglichen Familie, die durch ihren barocken Dekor einen Kontrast zum klassizistisch geprägten Innenraum der Kirche bildet.

Ein ganz besonderes Projekt

Gemeinsam mit den Städten Grabow und Neustadt-Glewe hat Ludwigslust ein ganz besonderes Erlebnisprojekt umgesetzt: die „EntdeckerroutenApp“. Einheitlich dargestellte Erlebnistouren, gekoppelt mit Audioeinheiten zu den beschriebenen Sehenswürdigkeiten, ergänzt durch Faltblätter, Wegweiser und Infotafeln, geben Ihnen die Möglichkeit, sich unabhängig von Stadtführungen auf Entdeckungsreise zu begeben. Die interessantesten Sehenswürdigkeiten und Orte, an denen es sich zu verweilen lohnt, sind in der App aufgeführt. Die App lebt von wunderschönen Fotografien und kurzen, informativen Texten. Ein Klick – und man kann ganz entspannt dem virtuellen Stadtführer zuhören. Durch die GPS-gestützte Navigation weiß die App immer, wo sich der Nutzer gerade aufhält und hält die entsprechenden Informationen zu dem Punkt bereit. Für Ludwigslust bietet die App zusätzlich eine spezielle KinderTour mit dem Jungen „Johann“ an.

Ludwigslust hat sich regional und überregional einen hervorragenden Ruf als Kulturstadt erworben. Das Angebot reicht von hochkarätig besetzten klassischen Konzerten über Kleinkunstveranstaltungen, Lesungen und eine Vielzahl thematischer Veranstaltungen. Highlights sind die Konzerte der Festspiele Mecklenburg-Vorpommern, die Schlosskonzerte, das Barockfest, das Lindenfest, die KuKuNa – die Kunst- und Kulturnacht –, das „Kleine Fest im Großen Park“, aber auch viele kleine Veranstaltungen werden Sie begeistern. Infos unter: www.mv-schloesser.de

Alles auf einen Blick zu erfassen, ist schlichtweg nicht möglich. Auch wenn Ludwigslust nur eine kleine Stadt ist, erlebt man sie doch zum einen sehr weitläufig und zum anderen bietet sie eine solche Fülle von sehenswerten Dingen, dass man sich für Ludwigslust einfach Zeit nehmen sollte.

Joachim Buttler
Das unbekannte Hamburg
Entdecken Sie die Schönheiten und Geheimnisse der Stadt
160 Seiten mit 84 Abbildungen,
11 Karten und 1 HVV-Plan
4. überarbeitete und erweiterte Neuausgabe 2017
978-3-8319-0313-9

Es gibt vieles in einer Stadt, an dem man regelmäßig vorbeiläuft, ohne davon Notiz zu nehmen. Gerade auch eingefleischte Hanseaten sagen es bei Führungen mit dem Autor immer wieder: „Das habe ich noch nie gesehen!" Dieses Buch möchte Ihnen in acht Rundgängen den Blick schärfen, um die Lust an Kunst und Architektur der Hansestadt neu zu wecken – nicht nur bei den Highlights, sondern auch bei den „kleinen" Schönheiten und Besonderheiten, die Hamburg zu bieten hat.

Karin Baron
Wo Hamburg am schönsten ist
240 Seiten mit 69 Abbildungen und 1 Karte
978-3-8319-0711-3

Das Wasser ist es, was Hamburg ausmacht, was sonst? Zu jeder Tages- und Jahreszeit bildet es ein Ziel, Licht und viel frische Luft gibt's gratis dazu. Auf ihren Streifzügen an Alster und Elbe – per Rad, Schiff und zu Fuß – begegnet Karin Baron Schrillem und Stillem, Industrieromantik und Hausbootidylle, Frau Hedi und den Freaks vom Gängeviertel. Spannende Orte von HafenCity bis Reeperbahn, von Speicherstadt bis Blankenese stellt sie in diesem Buch vor. Mit Geschichte und Geschichten, mit Weitblick und mit Innenansichten, die vom Bismarckstein ohne Bismarck bis zum Gartenzwergparadies Billerhuder Insel reichen, vom hanseatisch-imposanten Kontorhausviertel bis zum szenigen Ottensen und vom Pinguin-Palaver im Stadtpark bis zur Honigfabrik in Wilhelmsburg. Neben vielen unterhaltsamen und informativen Texten gibt es anregende Tipps und Adressen.

Hamburger Abendblatt /
Ellert & Richter Verlag
365 Tipps für einen schönen Tag in Hamburg
224 Seiten mit 123 Abbildungen
978-3-8319-0703-8

Selbst ausgewiesene Hamburg-Kenner werden in diesem Buch Neues entdecken. Der Ellert & Richter Verlag hat in Zusammenarbeit mit dem Hamburger Abendblatt für Sie – ohne Anspruch auf Vollständigkeit – 365 Tipps für einen schönen Tag in Hamburg ausgewählt – also einen für jeden Tag des Jahres. Ein Buch für all jene, die Hamburg gut zu kennen glauben, aber immer wieder von Neuem überrascht sind. Und für die, die neugierig auf die Stadt und ihre geheimen, aber auch bekannten Orte sind und die es genießen, diese schöne Stadt aus allen Blickwinkeln zu erobern.

Hamburg. Der besondere Stadtführer
111 Klassiker und Geheimtipps
256 Seiten, 145 Abb., 14 Karten
978-3-8319-0452-5

Michel, Fischmarkt, Reeperbahn – mit diesem handlichen Hamburg-Führer in der Tasche gibt es auch an viel besuchten Touristenzielen noch neue Seiten zu entdecken. Informative und amüsante Geschichten führen zu 111 Plätzen an Alster, Bille und Elbe, von Blankenese bis Bergedorf, von Wohldorf-Ohlstedt bis Kirchwerder. Für jeden Geschmack und jedes Wetter sind Ideen für einen schönen Tag in Hamburg dabei. Stellen Sie sich selbst Ihr Programm zusammen: mit der Fähre auf der Elbe schippern, nachts auf den Michelturm klettern, in Hamburgs Unterwelt hinabsteigen, paddelnd die Alsterkanäle erkunden, die Szeneviertel erleben … Nützliche Tipps, Hinweise auf interessante Details und ein Register machen den besonderen Stadtführer zu einem unentbehrlichen Begleiter durch die Hansestadt.

sh:z (Hrsg.)
Schleswig-Holstein zu Fuß. Die 25 schönsten Wanderungen an und zwischen den Meeren
192 Seiten mit 119 Abbildungen
25 Tourenkarten, 2 Übersichtskarten
978-3-8319-0567-6

Schleswig-Holstein ist ein Paradies für Wanderer: zwei Meeresküsten, Inseln und Watt, Flüsse und Seen, sanfte Hügel und schattige Wälder. In diesem Buch sind für Sie die 25 schönsten Wanderstrecken in Schleswig-Holstein zusammengestellt – von der Nord- bis zur Ostsee, vom Hamburger Umland bis an die dänische Grenze. Detaillierte Tourbeschreibungen mit Hinweisen auf attraktive Sehenswürdigkeiten, empfehlenswerte Gastronomie und spannende Naturphänomene auf den Strecken. Einsteiger, geübte Wanderer und Pilgerfreunde kommen mit diesem Buch gleichermaßen auf ihre Kosten.

Hans Dieter Reinke/Daniel Hugenbusch/
David Hugenbusch
Schleswig-Holstein. Die schönsten Radtouren
240 Seiten, 63 Abb., 30 Karten
978-3-8319-0465-5

Radfahren ist nicht nur en vogue, sondern gehört auch zu den beliebtesten Aktivitäten der Urlaubsgäste Schleswig-Holsteins. Das Land hat sich längst auf die Bedürfnisse der Radler eingestellt und bietet radfahrerfreundliche Unterkünfte, Themen-Strecken und Fernradwege, Radverleihstationen und vielfältiges Informationsmaterial. So macht Radfahren Spaß, finden die Autoren dieses Radreiseführers und haben 30 ausgearbeitete Radtouren zusammengestellt, die die Vielfalt der Landschaften und regionalen Besonderheiten abbilden, zu interessanten Sehenswürdigkeiten führen und dazu anregen, Natur und Menschen intensiv kennenzulernen. Karten der Touren, fotografische Eindrücke und Adressangaben sowie Tipps von A–Z runden diesen handlichen Reiseführer ab. Eine Einladung, sich in den Sattel zu schwingen und das Land zwischen den Meeren dort zu erkunden, wo es am schönsten ist.

Titelabbildungen:
Front-Cover: B. Blumenthal: r.u.; Fotolia/stock.adobe.com: l.o. (Carl-Juergen Bautsch), r.o. (Visions-AD); Huber Images: m.l., m.r. (Günter Gräfenhain); Carina Jahnke: l.u.; Tourist-Info Scharnebeck: m.u.
Back-Cover: Dorothée Meyer/Tourist-Information Lauenburg: r.o.; Fotolia/stock.adobe.com: l.u. (hardyuno); Seehundstation Friedrichskoog: r.u.; Stiftung Freilichtmuseum am Kiekeberg: l.o.

Abbildungen Innenteil:
Bispingen-Touristik e.V.: 120, 121 l., 121 r.o., 121 r.u., 123; Biosphaerium Elbtalaue: 138, 140 o., 140 u.; B.Blumenthal: 104; Foto-frizz/B.Kuhn: 80; Fotolia/stock.adobe.com: 4 o., 10/11 (Marco2811), 4 u. (Thorsten Schier), 7, 148/149 (hardyuno), 14 (Christian Horz), 15 r. (Matthias Krüttgen), 16 (johas), 20/21 (Thorsten Schier), 30 l. (Inge Knol), 42 (Stephanie Albert), 45 (Katja Xenikis), 72 (Andr Franke), 76 (isumi), 78 (allegra47), 131 (Rolandst), 150 (SEB – www.sebfoto.de); Hansestadt Buxtehude/Daniela Ponath Fotografie: 98; Christoph Heilmann, Hamburg: 17; Dennis Herbst: 40; E. J. Herrmann: 31; Huber Images: 96, 128 (Günter Gräfenhain); Carina Jahnke: 77; Kunststätte Bossard/Michael Chmella: 118; Lüneburg Marketing GmbH: 129; Gernot Maaß, Hamburg: 13; Dorothée Meyer/Tourist-Information Lauenburg: 88, 89, 90; NABU-Hamburg: 27; Birgit Nachtwey/Tourist-Information Worpswede: 112 r.; Berit Neß: 126; Hans-Dieter Reinke: 28; Jann Roolfs: 44; Samtgemeinde Land Hadeln: 106, 107; Seehundstation Friedrichskoog: 54; STADE Marketing und Tourismus GmbH: 100, 102 r.; Stefan Siemesgelüss: 60; Stiftung Freilichtmuseum am Kiekeberg: 94, 95; Tourismus- und Stadtmarketing Mölln: 82; Touristinformation der Stadt Bad Segeberg: 67; Tourist-Info Scharnebeck: 132; Wedel Marketing: 22, 24 r., 25; Wikimedia Commons: 6, 92/93 (Sophie Dorothée (CC BY-SA 3.0)), 12 (Dirtsc (CC BY-SA 3.0)), 15 l. (Carol.Christiansen), 23 (Zamekrizeni), 24 l., 32, 36 (Huhu Uet (CC BY-SA 3.0)), 26 (RolfStoekler (CC BY-SA 4.0)) 30 r. (Huhu), 34 (Alchemist-hp), 37, 48, 56, 57, 59 l. (Nightflyer (CC BY-SA 3.0)), 38 (Hans-Dieter Warda (CC BY-SA 3.0)), 43 (Naturliebhaberin (CC BY-SA 4.0)), 50, 51, 52 (Eduard47 (CC BY-SA 4.0)), 53 (Ra Boe (CC BY-SA 3.0)), 58 (Beckstet (CC BY-SA 3.0)), 62 (Cypherios (CC BY-SA 3.0)), 63 (Holger.Ellgaard), 64 (H.Helmlechner (CC BY-SA 4.0)), (Claas Augner), 70 (Bullenwächter + Christoph Braun (CC BY-SA 3.0)), 74 (Reinhard Kraasch (CC BY-SA 4.0)), 79 (Quartl (CC BY-SA 3.0)), 83 (Hans Weingartz), 84 (UphoffHe), 86 (Ziko van Dijk), 87 (Ingo Jaeger - Lauenburg/Elbe (CC BY-SA 2.0)), 102 l. (C. Löser (CC BY-SA 3.0)) 108, 109; 110 o., 111 r. (Till F. Teenck), 110 u., 113 u. (Alinea), 111 l., 112 l.u. (Axel Hindemith (CC BY-SA 3.0)), 112 l.o. (Hermann Junghans (CC BY-SA 3.0)), 113 o. (Bernhard Hoetger (CC BY-SA 4.0)), 114, 116, 117 (Matthias Süßen (CC BY-SA 3.0)), 122 (Derzno (CC BY-SA 4.0)), 124 (Roland.h.bueb (CC BY-SA 3.0)), 125 (Willow (CC BY-SA 3.0)), 134 (Kolossos), 136, 142 (Christian Fischer (CC BY-SA 3.0)), 139 (James Steakley (CC BY-SA 4.0)), 141 o. (Hanispackova (CC BY-SA 4.0)), 141 u. (Maarten Sepp (CC BY-SA 3.0)), 143 (Palauenc05 (CC BY-SA 4.0)), 144, 147 (Torsten Bätge (CC BY-SA 3.0)), 145 (Kirchenfan), 146 (Ymnes (CC BY-SA 4.0)), 151, 154 (Harald Hoyer (CC BY-SA 3.0)), 152 (Ralf Roletschek (CC BY-SA 3.0)), 155 (Joachim Müller – Schwerin (CC BY-SA 3.0)), 156 (Niteshift (CC BY-SA 3.0)), 158 (Dieter Matthe (CC BY-SA 4.0)), 159 l. (Dieter Weiher), 159 r., 160, 161, 162 (Jens Burkhardt-Plückhahn (CC BY-SA 3.0)), 163 (DasBee (CC BY-SA 3.0)), 166, 169 (Losch (CC BY-SA 3.0)), 168 (PodracerHH), 170 (Doris Antony, Berlin (CC BY-SA 3.0)); Wildpark Eekholt KG: 68; Wilstermarsch-Sevice GmbH: 46, 47; Marco Witt/Landgestüt Redefin: 164; Heike Wöbcke/Tourismusbüro der Stadt Bad Bramstedt: 59 r.; Michael Zapf, Hamburg: 19

Der Verlag dankt allen, die uns für dieses Buch Bild- und Textmaterial zur Verfügung gestellt haben. Trotz aller Bemühungen ist es uns aber bei einigen wenigen Fotografien nicht gelungen , die Urheber zu ermitteln. Wir bitten diese, sich gegebenenfalls mit uns in Verbindung zu setzen. Alle Angabe in diesem Buch wurden gewissenhaft geprüft. Preise, Öffnungszeiten etc. können sich aber schnell ändern. Daher können Autoren und Verlag keine Gewähr für die Richtigkeit übernehmen.

Stand: April 2019

Für Anregungen, Berichtigungen und Ergänzungsvorschläge sind wir dankbar. Bitte senden Sie diese per Email an: info@ellert-richter.de

Bibliografische Information der Deutschen Nationalbibliothek
Die Deutsche Nationalbibliothek verzeichnet diese Publikation in der Deutschen Nationalbibliografie; detaillierte bibliografische Daten sind im Internet über http://dnb.d-nb.de abrufbar.

ISBN 978-3-8319-0687-1

Redaktion: Sophie Niemann
Gestaltung: BrücknerAping, Büro für Gestaltung GbR, Bremen
Gesamtherstellung: CPI books GmbH, Leck

www.ellert-richter.de
www.facebook.com/EllertRichterVerlag